北京市属高等学校高层次人才引进与培养计划项目(CIT&TCD20140314)
2013 年国家自然科学基金项目(71373025)
2014 年国家自然科学基金项目(71473019)
北京现代技术服务体系奶牛产业创新团队

北京乳品企业成长性研究

刘 芳 何忠伟 李 超 著

中国农业出版社

前　　言

随着经济的持续发展和人们收入水平的稳步增加，百姓的生活迈向小康，食物结构也发生了改变，享受性食物所占比重加大。奶类食品不仅营养丰富，易于消化吸收，还是很好的美容养生食品。由于人们对乳制品的需求增长，乳品企业不断扩大生产，以满足市场的需求。乳品加工企业生产规模扩张，专业分工深化，但各种问题也逐渐暴露出来，如企业间对奶源的争夺导致原料奶价格紊乱、奶农倒奶、捕杀奶牛等问题；乳品企业对市场的恶性竞争，打价格战导致出现“还原奶”、“三聚氰胺事件”。这些问题使乳品行业的竞争力下降，影响乳品企业的发展，甚至危害国民健康。因此，对北京乳品企业的成长性进行合理评价，找到适合北京乳品企业健康发展的对策就显得尤为重要。

本书是在对北京的乳品加工企业进行调研、了解企业发展的现状后，找出影响北京乳品企业成长性的因素。将熵理论应用于北京乳品企业的成长，根据成长熵构建了北京乳品企业成长熵评价模型。根据影响因素，建立北京乳品企业成长熵评价指标体系，并应用层次分析法确定各级指标的权重。然后选取了有代表性的 9 家乳品加工企业，用这 9 家企业的调研数据对成长熵模型进行了单一和综合应用。根据结果，对企业的成长性进行分类、评价。

最终，本书在对成长熵模型具体应用的基础上，提出北京乳品加工企业存在的问题，并提出相应的解决建议与措施。研究结论将为北京乳品加工企业改革提供相关实证支撑，也将有利于相关部门有针对性地采取合理的政策措施，进而为国家、政府出台相关扶持政策提供指导，促进北京乳品加工企业健康、有序的发展。

本书得到了北京市长城学者培养计划、国家自然科学基金项目、北京现代技术服务体系奶牛产业创新团队等项目资助。在调研与撰写过程中，得到了北京市农村工作委员会、北京市农业局、北京市畜牧总站和各区、县农业部门的大力支持，在此表示诚挚的感谢！由于时间和水平有限，错误和不足之处在所难免，敬请大家批评指正。

著　者

2015年9月

目　录

1 导 言

1.1 研究背景

乳品企业的总产值随着经济的发展不断地增加，我国乳制品工业总产值已经由 2006 年的 891.21 亿元提高到 2010 年的 1 949.50亿元。北京作为首都，是全国的政治中心和文化中心，北京的乳业是由奶牛饲养业、乳品加工企业和批发销售业组成的乳品生产、加工、销售的产业链，在首都经济中处于基础产业地位，不仅具有经济功能，而且还具备社会功能和生态功能。随着人们生活水平的提高，无论是城市还是乡村对乳制品的需求数量和质量、对品种、口味、营养成分等要求越来越高，北京乳品企业承担的乳品供给、健康营养和安全保障等任务越来越重。总之，乳品企业在北京的发展中具有不可替代的重要作用。所以，应当分析出北京市乳品企业发展的现状、问题，寻找适合北京乳品企业成长的道路，创造有利于北京乳品企业发展的内部机制和外部环境，使北京乳品企业更好、更快地发展，同时带动北京经济的发展。

目前，对于企业的成长性研究大多集中在中小板上市企业、零售企业、房地产行业和药品上市企业等，对乳品企业的成长性研究还没有涉及，针对北京乳品企业成长性研究更是空白。本书通过对北京 9 家乳品企业实地调研，并在阅读了大量参考文献的基础上，分析出北京乳品企业发展现状和发展“瓶颈”。通过对北京乳品企业现状的分析，找出影响企业成长性的内部和外部影响因素。通过对乳品企业成长性影响因素的分析，构建企业成长性评价指标体系，运用企业成长熵评价模型进行实证分析，总结出北京乳品企业成长的现状和存在的问题。最终，根据研究结果提出促进北京市乳品企业成长的政策建议。

1.2 研究的目的和意义

乳品加工企业是乳业的龙头和引擎，乳品企业的成长性问题，对企业本身、投资者以及消费者都有着至关重要的意义。乳业产业链长，内涵也十分丰富。随着城市化进程的加快以及受到地域、资源等条件的限制，北京乳品企业的发展会受到一定的限制。在这种情况下，对北京乳品企业的现状进行分析，找到适合各乳品企业发展的途径，以促进北京乳品企业更好地发展。因此，从经济学的角度来分析北京乳品企业成长性具有重要的经济意义和现实意义。

1.2.1 理论意义

目前，关于企业成长性理论的研究已经有学者做出了大量的探索和研究，但是关于北京乳品企业成长性的研究，还处于空白，没有学者系统地研究。本书通过文献法和实地调研法对北京乳品企业的成长状况进行了研究，构建了一套适合北京乳品加工企业的成长性评价体系。这不仅促进了北京乳品企业的可持续成长，而且带动了北京二三产业的发展，进而带动了北京的经济发展。

1.2.2 现实意义

北京的乳品企业已经成为促进北京经济发展的重要力量之一，其成长性的好坏直接影响到北京经济的发展。本书以北京的9家乳品企业为研究对象，在分析企业发展存在的问题的基础上，从内部因素和外部因素两个方面研究影响北京乳品企业成长性的因素。这不仅能够促进乳品企业自身的发展，提高成长的能力，而且能够帮助投资者做出正确的投资决策。另外，有利于北京乳品企业的经营管理者明确地找出影响企业成长的内部、外部因素，促使管理者更好地经营企业。

1.3 国内外研究综述和评价

1.3.1 企业成长性理论研究

企业成长性的研究最早开始于西方国家，不同学派的研究者侧重点是不同的。Penrose（1959）是国外系统研究企业成长理论的先驱，她在《企业成长理论》一书中指出，影响企业成长性的重要因素是企业的能力，而决定企业能力的重要因素是企业的资源。因此，企业的能力与企业的资源是共同决定企业的成长性的因素[1]。Larry E Greiner（1972）认为企业的成长性是有周期的，将企业的成长生命周期划分为5个阶段，企业应该根据不同成长阶段采取不同的策略来促进企业的成长[2]。国内学者杨杜（1995）是研究企业成长理论的鼻祖，他认为企业资源是企业成长的关键因素，企业资源的质与量共同作用构成了企业的成长性[3]。陈晓燕、沈思玮（2008）认为成长性是企业未来获得高报酬的能力，反映了企业对投资机会的把握能力。从价值的角度来看，成长性表现为企业获取超额回报的能力及其资本变化，可以解释为持续经营价值[4]。毛定祥（2004）研究了基于时序立体数据表的上市企业成长性研究，他认为衡量企业的价值不仅在于从静态的角度分析企业财务情况，更应该从动态的角度去预测和分析企业的增长能力，也就是企业的成长性[5]。郭蕊（2005）首先界定了企业可持续增长性的内涵，并从财务、制度、技术、产业和环境这5个维度来作为影响企业可持续增长的变量，认为这5个维度能综合反映企业的可持续成长能力[6]。

1.3.2 企业成长性影响因素分析

关于企业成长性影响因素的研究，国外早有学者进行了大量的研究。Thorsten（2002）实证研究得出影响企业成长的因素是企业的规模、企业的年龄以及企业类型的差别，这些因素会影响劳动用工需求，进而会影响企业的成长[7]。Smith（2001）通过实证研究认为组织企业员工进行学习、培训可以提高企业的竞争力，认为知识、技术和创新对企业的成长性有很大的作用[8]。Gill（1985）在《影响企业生存与发展的因素》一书中提出了17个影响企业成长性的因素，有市场营销能力、市场机遇、企业的资金运营、领导者的管理经验、内部控制等一些与企业内部运营有关的因素，Gill的研究只是涉及了企业内部的影响因素而忽略了外部环境的一些因素对企业成长性的影响[9]。

国内对于企业成长性影响因素的研究与国外相比就比较具体了。学者们在研究中，由于选择的指标和代表样本不同。所以，存在研究结果不一致的情况，因此不存在可比性。在企业成长性与财务方面，朱彦杰（2008）认为企业的成长性与财务因素成正比，主要从企业的发展能力、盈利能力和资金运营这三大指标的财务影响因素来说明企业的成长性[10]。陈爱成（2012）认为科技创新能力也是不容忽视的，技术创新是企业成长的核心，没有大量的科研投入，就无法研发出高尖端的产品，企业就不能更好地发展[11]。马璐、胡江娴（2005）把管理与整合能力、企业战略制定能力、学习能力、企业资本运营能力、人力资源管理与开发能力、技术开发与创新能力这6项作为影响企业成长性的因素[12]。汪强（2003）认为影响企业成长性因素主要是企业内部的综合素质、企业所属行业的性质、当前我国的经济发展政策及方针、企业主要产品的寿命周期[13]。在影响企业的成长性因素中，既有财务因素，又有非财务因素，杨雯、王媚、杨静（2012）从平衡计分卡这一新的角度对企业的成长性影响因素进行了分析，认为企业成长性的影响因素有财务、客户、内部经营过程、学习与成长这4方面[14]。刘曜、史爽（2011）通过实证研究发现营运周期和风险水平对盈利能力有－0.522和－0.531的直接影响，对企业的成长性有－0.201和－0.204的间接影响，而营运周期和风险水平这两者对企业成长性并没有明显的影响性。通过实证分析，企业的盈利能力对企业的成长性有 0.384 的正相关。因此，影响中小板上市企业成长性的因素是企业的盈利能力，是企业成长性的核心因素，企业的营运周期和风险水平是通过盈利能力而间接影响企业的成长性的[15]。谢军（2005）以 736 家上市公司 2003 年的数据作为研究样本，采用计量的方法，从资产结构、财务杠杆和企业规模等方面研究企业成长性的影响因素。他认为，股权结构、财务杠杆和企业规模对企业的成长性有显著性影响[16]。

1.3.3 企业成长性评价指标体系的构建

国外的学者在企业成长性评价指标体系方面的研究中比较侧重于驱动因素的研究。Peter（1996）认为雇员人数是衡量成长性的重要标准，因此，他将近 5 年员工人数的增长作为评价企业成长性的指标[17]。除了 Peter，还有许多学者喜欢将员工人数的增长来衡量企业的成长性，Per Davidsson、Frederic Delmar、William Gartner（2003）认为只看员工的增长评价企业成长性不全面，他们除了将员工的增长作为衡量企业成长性外，还用组织成长、销售增长、并购增长等 19 项指标来评价企业成长性，并且用 1 500 家公司来做实证分析[18]。

我国的许多学者更加侧重于用财务指标来评价企业的成长性，选取的样本基本上也是上市企业，主要原因是上市企业的财务数据容易获得。其实用财务数据指标来评价企业成长性也能综合反映企业经营特征，当然也有不少学者认为单一考虑财务指标不全面。所以，加入了非财务指标。钱佩华（2013）选取了主营业务收入增长率、主营业务利润率、净资产收益率等 13 个财务指标构建企业成长性指标，她认为用财务指标衡量企业成长性简单易操作，不用担心数据难以获取的问题，但是缺点是单一考虑财务指标不能全面地评价企业成长性[19]。赖国毅（2009）用偿债能力、盈利能力、股东获利能力、发展能力、营运能力和现金流量能力这六类 16 项财务指标来研究企业成长性[20]。周春香、董观志（2010）等许多学者都采用单一的财务指标来评价企业的成长性。由于用单一的财务指标评价企业成长性有片面性，我国的许多学者采用财务和非财务指标构建企业成长性的评价指标[21]。于旭、贺璐、周向前、吴兰贞（2012）构建了企业成长性评价指标体系：效益型指标和风险型指标，这两个指标下面又分了 18 个财务和非财务指标，选取了 21 家上市企业作为研究样本，用突变级数法和灰色关联度分析法评价企业的成长性[22]。周志丹（2010）以销售收入增长率、净利润增长率等 14 个财务指标和创新资源、管理能力等 20 个非财务指标来进行实证研究，综合评价企业的成长性[23]。张同健、简传红（2008）在管理能力成长、技术能力成长和市场能力成长 3 个方面对企业的成长性进行评价[24]。陈晓红、佘坚、周颖（2007）在对企业成长性进行分析时，加入了市场波动的风险因子，使得对企业的成长性研究有了一定的偏向性[25]。王琦和封彦（2008）在研究企业成长性时，将度量企业信用风险的指标引入，结合财务指标和非财务指标全面地评价企业成长性，经过实证研究结果表明，这样能很好地评价企业成长性[26]。

朱彦杰（2012）突破了只从企业内部因素来分析企业的成长性，他在企业财务状况、企业内部情况的基础上引入了企业外部环境因素来构建企业成长性的指标，通过实证分析得出他构建的这 36 个评价指标还是比较适合而且较为全面地评价企业成长性的。综上所述，与国外的研究相比，国内的学者在研究企业成长性方面，更为注重财务指标的选择，而且将评价指标更为细分、具体。学者们在指标的选取上，更为注重那些反映企业绩效的指标，也就是在企业的成长性指标选取上更多地停留在企业的财务方面[27]。

1.3.4 企业成长性评价理论模型的探索

在企业成长性评价研究中，国内外的学者对企业成长性的评价方法主要集中在主成分分析法、因子分析法、时序立体数据表法、层次分析法、突变级数法、模糊综合评价法和回归模型等。Kakati（2003）采用主成分聚类分析的方法对高科技企业进行数据分析，得出了决定企业成长性的重要因素有企业的核心竞争力、企业的发展战略以及企业管理人员的素质[28]。

刘倩（2011）利用上市公司的数据，采用主成分分析的方法构造出企业成长性的评价模型，通过实证研究得出主成分分析法可以很好地解决我国企业财务数据共线性和数据高维性的特点，判别模型更具有说服力。刘倩认为，国家对企业的扶持力度越大，企业的技术含量越高，就具有较好的成长性，根据这个结论提出了几点政策建议[29]。李晓非、赵祥、高俊山（2008）运用因子分析的方法，以中国传统企业和高技术企业上市公司 10 年的财务和其他相关数据为依据，进行实证研究，得出了高技术企业有更高的成长性的同时，也伴随着高的风险性，企业高的成长性主要表现在其经营能力的提高方面，在股票投资收益增长方面，与传统的企业并没有显著的区别[30]。沈虹言（2011）同样采用因子分析的方法研究企业的成长性，但是研究的角度不同，她主要是从企业的成长性与创新能力方面做研究，以 32 家创业板上市公司为样本进行实证研究，结果表明构成企业创新能力的三大因素主要有技术创新、管理创新、制度创新，企业的成长性与创新能力有显著的正相关关系[31]。鲍新中、李晓非（2008）采用时序立体数据表法和突变级数法，选取 21 家公司 10 年的时序数据，计算出企业的成长性系数，并根据 10 年的时序数据分析出高技术企业成长性系数的变化趋势，得出了高技术企业在特定的一段时间有很好的成长性，但是随着时间的发展，企业的成长性会有一定的下降趋势，这就表明此高技术行业就渐渐进入了成熟的阶段[32]。何奕佳（2008）、程海峰等（2005）构建了企业成长性评价的指标体系，并运用层次分析法对各评价指标权重进行合理赋值，对企业的成长性进行了综合的评价[33、34]。陈晓兰

(2008)采用定性与定量相结合的方法，构造出评价中小企业成长性的模型，应用层次分析法对多指标进行综合考虑，并且通过实证研究，证明了该方法的科学实用性[35]。胡静、黎东升(2013)和张倩(2011)建立了上市企业成长性的评价指标体系，并采用突变级数的方法进行实证研究，胡静认为企业的偿债能力对企业的成长性有显著的正相关关系，而具体的板块和细分行业与企业的成长性关系不显著[36、37]。刘宇、王学铄、王苏(2008)认为，模糊综合评价法简单、易懂，对于那些多层次、多种影响因素的复杂问题容易解决。因此，采用了模糊综合评价的方法来研究企业的成长性[38]。李益娟(2009)从企业的偿债能力、营运能力、股东获利能力、现金流量能力、盈利能力和发展能力这6个方面选择了36个财务指标来判定我国上市公司的成长性，采用Logistic回归模型对24家上市公司进行实证分析，得出对企业成长性影响最大的4个指标是流动负债比率、每股未分配利润、有形净值债务率和现金流量对流动负债比率[39]。王中一(2012)从成长环境熵、成长能力熵、成长潜力熵3个方面构建了企业成长的熵评价模型，并找出了影响企业成长的关键的28个因素[40]。

1.3.5 关于熵理论在管理学中的应用

熵理论最早的应用不是管理学，而是应用在热力学方面。在国外的研究中还没有涉及，我国学者任佩瑜率先将熵理论引入管理学中。

李夏怡(2011)利用熵理论对影响财务危机的重要指标进行客观赋值，通过对样本的熵值计算发现财务危机的企业的熵值与没有财务危机企业的熵值存在很大的差异，能够说明用熵理论的相关知识解决企业财务危机是可行的[41]。周庆余(2007)发表了基于熵理论的企业战略评价模型，认为企业是一个耗散结构，通过组织强制性来维持企业的生产经营活动。通过对熵理论的相关知识，分析得出企业多元化的发展是通过环境中的负熵来抵消企业发展中产生的正熵，而企业从外界的环境中获得负熵流的方式是通过企业的多元化战略。周庆余在历史学者对多元化战略分析的基础上，总结了影响企业多元化战略的因素，在层次分析法的基础上运用企业的熵理论模型，构建出了企业多元化战略选择的评价模型[42]。

王丽平、许娜（2011）将企业的成长理论与熵理论相结合，通过对熵理论和耗散结构理论综合对企业的成长性进行评价，分析得出当 $W=0$ 时，是企业成长的转变的最好时期，企业应抓住这个机遇，促进企业更好地持续发展。作者通过计算还可以得出在企业的管理、资源和技术共同作用的情况下，成长力的总熵值最小，此时企业的成长能力是最强的[43]。李世佳（2008）从熵理论与组织管理系统角度出发，利用熵理论及耗散结构理论对其进行分析，得出了组织系统的熵值公式，而耗散结构在熵值增加的阶段并没有发生作用。最后得出了组织系统熵值的数学模型[44]。张文杰（2012）根据熵理论和耗散结构理论对我国的房地产发展问题进行了深入的探讨，根据目前我国房地产发展情况找出我国房地产企业可持续发展的影响性因素，构建了一套评价指标体系，系统中分为正熵和负熵，正熵流中包括文化熵、能力熵、结构熵，负熵流中包括环境熵。根据熵的计算公式，构建我国房地产可持续发展的熵模型，从而得出我国房地产企业是耗散的结构。在实证分析中，作者选取了某房地产企业作为研究的样本，根据调查问卷得出一手数据，根据对正熵和负熵的计算，结合熵理论提出了一系列提高我国房地产企业可持续发展的政策建议[45]。

1.3.6 文献综述述评

通过对文献的阅读以及一些学者对企业成长问题研究成果的回顾得知，现有的一些理论大多是侧重抽象的理论研究。在影响企业成长性的因素层面，大多学者采用上市企业的财务数据。因此，在构建评价指标体系时都是侧重财务指标，缺少非财务指标。因此，在企业经营环境不断复杂的情况下，应考虑多方面的影响因素，构建企业成长性的综合评价指标体系。对于企业的成长性研究，许多学者研究的是大型上市企业，对于那些非上市的、中小企业的成长性研究还比较少。

1.4 研究的思路和方法

本研究采用定性与定量、理论与实证相结合的研究方法，具有全面性和可操作性。在研究北京乳制品发展现状方面，采用了资料分析法和查阅文献法的定性分析方法；在构建成长熵理论模型方面，采用了理论与实证相结合、定性与定量分析相结合，以定量分析为主的方法。

（1）查阅文献法。阅读历年中国奶业年鉴，了解我国奶业发展的基本情况。通过对中国知网和维普期刊查阅大量的文献，对企业成长性的理论、影响企业成长性的因素、企业成长性的评价和熵理论进行了整理和归纳，为后面的研究打下坚实的基础。

（2）问卷调查法和深度访谈法。在分析影响北京乳品企业成长性因素、对乳品企业的实地调研中，运用了调查问卷法和深度访谈法。分别对北京的9家乳品企业进行实地调研，问卷设计分为两轮，第一轮主要是对影响因素重要的程度打分和开放性问题，目的主要是确定影响因素。第二轮是选取影响北京乳品企业成长性的关键因素。同时，在对企业调研的过程中，除了发放问卷外，还采用深度访谈法，深入了解北京乳品企业目前的发展状况和遇到的发展“瓶颈”等。

（3）典型案例分析法。北京共有26家乳品加工企业，每家乳品加工企业的情况是不同的，影响乳品企业成长的因素也存在一定的差异。因此，本研究将北京26家乳品加工企业进行归类，对典型的9家乳品企业进行实地调研，从而为研究的政策建议提供良好的案例实证基础。

（4）数学建模法。根据熵理论，得出成长熵的计算公式，$ds_i=\sum k_j ds_j$，其中：j 是指标 i 下得的各个指标；k_j 为各个指标的权重；ds_j 是指标 j 所产生的熵流值。首先找出影响北京乳品加工企业成长性的影响因素，建立相应的指标体系，根据熵理论构造成长熵的评价模型。

（5）实证分析法。本书选取了北京的 9 家乳品企业，通过内部和外部影响因素，建立北京乳品企业成长性评价指标体系，运用熵理论构建北京乳品企业的成长熵模型。

1.5 研究的结构框架和内容布局

见图 1.1。

1.6 研究的创新点

（1）研究角度的创新。北京作为中国最发达的城市之一，其农业在城市发展当中具有特殊地位。北京作为首都，居住人口和流动人口数量位居全国前列，是我国最为领先的乳品生产和消费基地，在都市型现代农业发展中具有不可替代的作用。基于以上特点，对北京市乳品企业的成长性研究具有都市型现代农业的特征，具有创新性。

（2）研究对象的创新。目前对于企业的成长性研究大多集中在中小板上市企业、零售企业、房地产行业和药品上市企业等，对乳品企业的成长性研究还没有涉及，针对北京乳品企业成长性研究更是空白。本书在对象选择上具有创新性。

（3）研究手段的创新。目前对企业成长性研究的手段比较单一，选择的指标都集中在财务方面，本书将综合财务和非财务指标，构建北京乳品企业成长性指标体系，采取层次分析法和成长熵评价模型综合分析北京乳品企业的成长性。

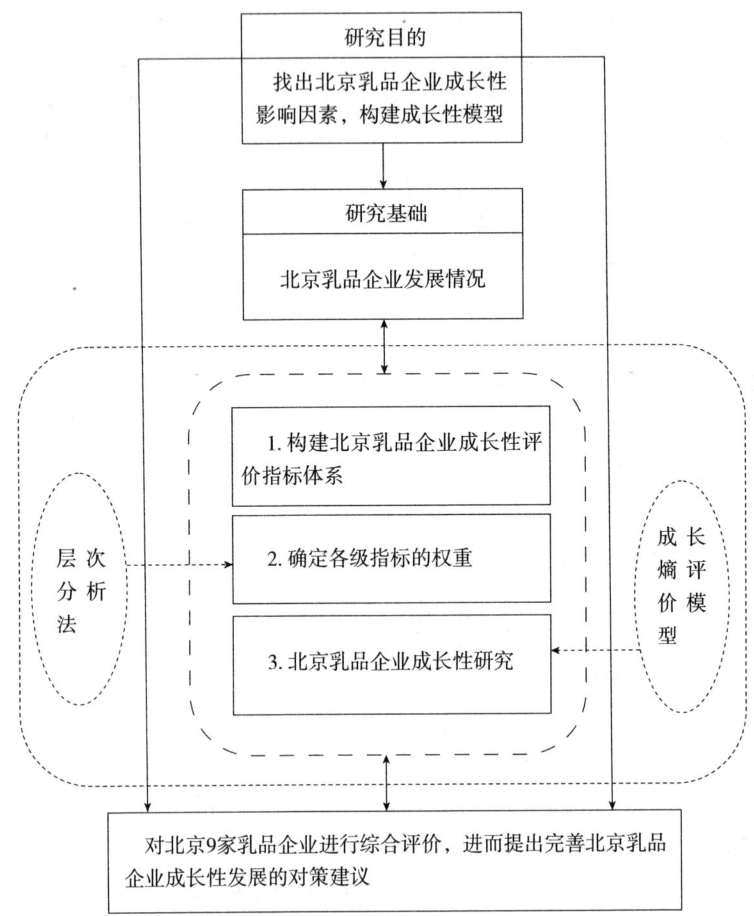

图 1.1 研究的结构框架和内容布局

2 相关理论基础

2.1 企业成长理论

2.1.1 企业成长的定义

成长的概念起源于生物学，是指生物的发展由小到大、由成熟到衰老的一个过程。经济学中的成长表示一种数量增加的变化和趋势。企业的成长，是一种过程、趋势。国外的学者对什么是企业的成长性研究较少，许多学者都重点研究关于企业成长的影响因素和企业成长的动因。我国关于企业成长的研究虽然比国外晚很多，但是，我国学者对企业的成长研究比较全面，具体界定了企业成长的定义，见表 2.1。

表 2.1 企业成长的定义

代表人物	企业成长的定义
杨杜(1995)	企业成长是量的成长和质的成长的综合表现
王向阳、徐鸿(2001)[46]	企业成长是指企业处于朝阳产业，有良好的市场潜力和先进的技术支撑
尚增建(2002)[47]	成长性是企业呈现出不断扩张的趋势，具有持续挖掘未利用资源的能力
程海峰、吕道明(2005)	企业成长是指企业资产规模、利润、生产能力、市场份额保持整体的增长状态
邬国梅(2009)[48]	成长性反映了企业对投资机会的把握能力，代表了有价值的投资机会
沈海平、吴秋璟(2010)[49]	成长性是预测企业发展潜力的重要标准，表示企业可持续发展的能力

（续）

代表人物	企业成长的定义
鄢波、杜勇等(2011)[50]	成长性是衡量企业经营和发展前景的重要指标，是检验企业生存和发展潜力的客观标准
李国凤(2013)[51]	企业成长性是指企业可持续发展的能力，是企业在发展趋势和管理运营方面体现出来的综合实力

结合以上学者对企业成长性的研究，本书定义企业成长性为：企业成长性是一个规模由小到大、由弱到强的发展过程，这个过程不仅是量的成长，还包括质的成长，也就是企业素质的提高。企业的成长性还应该是可持续发展的，除了资产规模、利润、生产能力、市场份额不断增长，还要不断提高技术创新能力，促使产品不断更新换代，使企业力于不败之地。

企业的成长是量的增长和质的提高的过程，质与量两者相互作用，共同促进企业的发展。量的增长使企业整体素质增强，质的提高促使企业扩大生产规模，企业的成长是质与量两者的统一（图 2.1）。量变是质变的前提和基础，质变是量变的必然结果。当企业拥有一定的资源时，规模扩张，才有可能提高技术含量，研发新品，促进企业质的提高。同样，质的提高也会使企业的量有所增加。质的提高会加强企业的生产效率，使企业以更少的成本投入产出更多的、更好的产品，提高了企业的盈利能力，因而

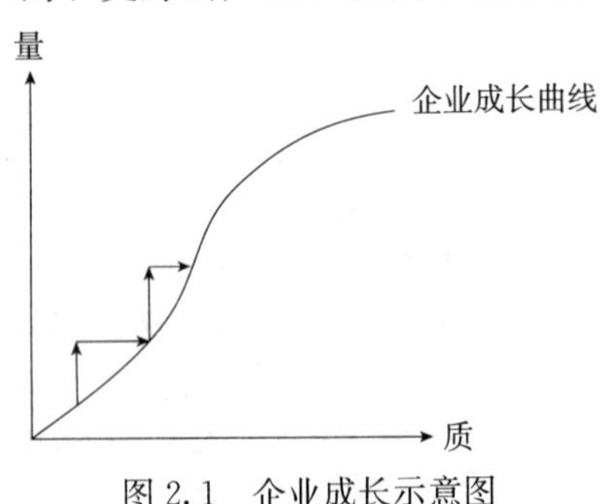

图 2.1　企业成长示意图

会大幅度增加企业的利润。

2.1.2 企业成长性的表现

（1）企业的核心竞争力。核心竞争力一般指的是能为企业带来比竞争更加有优势的能力和资源。能够成为具有核心竞争力的资源有稀缺资源、持久的资源、不可被替代的资源、不可被模仿的资源、有竞争优势的资源。企业拥有核心竞争力，才能在市场上占有一席之地，从而获得更加持久的、有力的竞争地位。

（2）企业的成长能力。企业在优化配置资源的基础上，发挥其生产、加工、营销、竞争等的优势，使企业具有健康、稳定、可持续发展的成长能力。企业的组织资源、有形资源以及无形资源的整合构成了企业的成长能力资源。企业的成长能力主要有生产管理能力、营销能力、研发能力、组织管理能力以及财务能力。这些能力相互作用，共同促进企业的成长。

（3）企业的外部环境支持力。企业离不开环境的影响，换句话说，企业的生存与外界环境有着很大程度的关系。当企业得到外界环境的支持时，例如，该企业是国家鼓励发展的行业，那么企业就会得到国家、当地政府的人力、财力、物力等方面的支持，还会享有很多优惠政策，那么该企业的成长能力就会更强，会更有利于企业的可持续发展。

2.2 熵理论

2.2.1 熵理论的产生和发展

1850 年，克劳修斯提出了热力学第二定律，并根据该定律于 1865 年引进了一个新的概念——熵，他提出了在孤立系统中发生的过程，会增加系统的熵值，它是不可逆的。他将熵变的表达式定义为：$\Delta S=\Delta Q/T$。1877 年，波尔茨曼用函数熵来表示系统无序度的大小：$S\propto \ln\Omega$。1900 年，普朗克引入了比例系数 K，则波尔茨曼公式就可以表示为：$S=K\ \ln\Omega$。从热力学第二定律到波尔茨曼公式，说明了系统的自发过程总是由有序状态趋向于无序状态，这一发展在微观世界和宏观世界建立了一座桥梁。1948 年，香农将信息与熵理论相结合，论述了信息与熵的关系。从此，熵理论走入了信息时代。自从熵理论出现之后，熵理论得到了深入的研究和广泛的应用，除了信息熵还有经济熵、生物熵、资源熵等。熵理论推动了社会的发展、科学的进步和经济的繁荣。

1969 年在理论物理学和生物学的国际会议上正式提出耗散结构理论。耗散结构通过与外界不断交换能量与物质来维持有序状态。普利高津将耗散结构定义为：在远离平衡的条件下，通过借助外界的物流和能流来维持时间上或空间上的有序结构。耗散结构的提出，解决了熵理论与进化论的矛盾。耗散结构可以由系统通过一定条件形成，不断地从外界引入负熵流用来抵消自身产生的正熵。耗散结构的提出也进一步论证了熵理论的广泛适用性。

2.2.2 熵的定义

（1）物理学领域的定义。克劳修斯是热力学第二定律的奠基者，他于 1855 年将熵这一概念引入热力学中。在热力学中，用 S 表示熵，T 表示物体的恒温，ΔQ 表示物体加入的热量，则该物体增加的熵就是 $\Delta S=\Delta Q/T$。克劳修斯指出了熵增加的原理，系统从一个平衡状态经过绝热过程到达另一个平衡状态，它的熵是不会减少的。如果这个过程是可逆的，那么熵的数值是不变的，如果过程是不可逆的，那么熵的数值就会增加。因此可以看出，熵是一个可以用来描述热力学状态的函数，与过程无关。1877 年，波尔茨曼将熵公式定义为 $S=K\ln\Omega$。他认为，对于一个宏观状态就有一个 Ω 与之相对应，也就会有一个 S 值与之相对应。所以，熵是一个状态函数。他将熵的意义理解为熵是系统内分子热运动的无序性的一种量度。熵还具有可加性，如果一个系统由 2 个子系统组成，那么这个系统的熵就是这 2 个子系统熵之和：$S=S_1+S_2$。本研究用的是波尔茨曼的熵理论。

（2）信息学领域的定义。西拉德在 1929 年发表了《论由智能生灵导致一个热力学系统中熵的减少》，这一论文揭示了信息与熵之间是密切相关的。1948 年，香农在他的狭义信息论中引入了信息熵来表述信息系统状态的不确定性：$H=-K\sum P_i \ln P_i$，其中 H 是信息熵，为信息系统的状态函数；P_i 是系统第 i 个信息出现的概率，$i=1$，2，…，N。由于 P_i 是概率，是小于 1 的，所以，信息熵 H 值总是正值。布里渊从物理学的角度出发指出，信息是系统的负熵，正是由于这个负熵的作用，才使系统的熵减小。由麦克斯韦沃知道，不做功的情况下使系统熵减少，也就是必须获得信息，汲取外界的负熵。

（3）管理学领域的定义。宋华玲在 2002 年应用熵理论的基本原理，并将其与物理学中的力学和热力学中的许多概念相结合，提出了熵在管理学中的广义熵理论与狭义熵理论这一新的研究领域[52]。所谓广义熵理论就是衡量这个人类社会系统与自然系统的管理，范围十分广泛，并且广义的熵理论可以应用于宏观经济和整个管理系统的评价。狭义管理熵的应用范围主要是企业的管理系统，企业在日常的运营过程中，会出现无效能量增加、有效能量减少的现象，这种现象叫做企业的管理效率递减规律。通过管理信息流在管理对象上发生的阻力、损失来衡量企业的管理效率。因此，狭义的熵理论用于企业管理效率和企业管理系统是否有序发展的评价。

2.2.3　熵理论应用于北京乳品企业成长性研究的适用性

熵原理告诉我们，任何事物都存在熵，所以北京乳品企业成长性中也存在熵。乳品企业在成长过程中，企业的结构和内部要素随着正熵的增加，从有序到无序，最后趋向衰竭，导致乳品企业破产。乳品企业管理混乱、资金短缺、产品出现质量问题等都是乳品企业衰竭的表现。此时，乳品企业要想继续存活，必须降低系统的熵值，可以通过从外界环境引入负熵来降低系统的正熵值。另外，还可以通过改变企业内部运行状态，提高系统运行效率。例如，通过调整企业内部组织结构、积极创新、研发新产品、提高管理水平等来降低正熵。因此，可以将熵理论应用于北京乳品企业成长系统，促使企业能够更好地成长。

2.3 小结

本章对企业的成长理论、熵理论做了简单的理论综述，并结合了北京乳品企业成长性系统分析了熵原理应用于此领域的合理性。为后面研究应用成长熵模型分析北京乳品企业的成长性奠定了基础。

3 北京乳品企业的发展现状

3.1 北京乳品加工企业基本情况

3.1.1 企业的区域布局分布和产品情况

截至2013年年底，北京市在册的乳品加工企业共有26家，分布在北京的12个区、县，生产的产品种类和生产规模有很大差异，见表3.1。

表3.1 北京乳品企业基本情况

序号	企业名称	区、县	主要业务
1	北京健生饮料有限公司	朝阳	乳制品［液体乳（发酵乳）］
2	北京建勋食品有限公司	丰台	乳制品［液体乳（发酵乳）］
3	北京圣祥乳制品厂	丰台	乳制品［液体乳（发酵乳）］
4	北京龙泉乳品公司	门头沟	乳制品［液体乳（发酵乳）］
5	奥德华乳品（北京）有限公司	房山	乳制品［液体乳（巴氏杀菌乳、发酵乳）、其他乳制品（奶油）］
6	北京科尔沁乳业有限公司	通州	乳制品［液体乳（发酵乳、灭菌乳）］
7	北京鑫华星乳业有限责任公司	通州	乳制品［液体乳（发酵乳）］
8	北京三元食品股份有限公司乳品八厂	通州	乳制品［液体乳（巴氏杀菌乳、调制乳、发酵乳）］
9	蒙牛乳业（北京）有限责任公司	通州	乳制品［液体乳（巴氏杀菌乳、灭菌乳、调制乳、发酵乳）］
10	北京艾莱发喜食品有限公司	顺义	乳制品［液体乳（灭菌乳）、其他乳制品（奶油）］

（续）

序号	企业名称	区、县	主要业务
11	北京军顺乳业有限公司	顺　义	乳制品［液体乳（巴氏杀菌乳、发酵乳）］
12	北京超凡食品有限公司	顺　义	乳制品［液体乳（发酵乳）、其他乳制品（干酪、奶油）］
13	北京光明健能乳业有限公司	顺　义	乳制品［液体乳（巴氏杀菌乳、发酵乳、灭菌乳）］
14	北京天辰乳业有限公司	顺　义	乳制品［液体乳（巴氏杀菌乳、灭菌乳、发酵乳、调制乳）］
15	北京富邦食品厂	昌　平	乳制品［液体乳（发酵乳）］
16	北京吉康食品有限公司	昌　平	乳制品［其他乳制品（干酪）］
17	恒兴	昌　平	乳制品［液体乳（发酵乳）］
18	北京 JF 乳品厂	昌　平	饮料（蛋白饮料类）
19	北京三元食品股份有限公司乳品四厂	昌　平	乳制品［乳粉（全脂乳粉、脱脂乳粉、调制乳粉）、其他乳制品（奶油、干酪）］
20	北京和润乳制品厂	大　兴	乳制品［液体乳（巴氏杀菌乳、发酵乳）、其他乳制品（奶油、干酪）］
21	北京三元食品股份有限公司	大　兴	乳制品［液体乳（巴氏杀菌乳、调制乳、灭菌乳、发酵乳）、其他乳制品（奶油、干酪）］
22	北京乳旺食品有限公司	平　谷	乳制品［液体乳（调制乳）］
23	北京鸿达乳品有限公司	怀　柔	乳制品［液体乳（发酵乳）、其他乳制品（奶油、干酪）］
24	达能乳业（北京）有限公司	怀　柔	乳制品［液体乳（发酵乳）］
25	北京归原农业发展有限公司	延　庆	乳制品［液体乳（巴氏杀菌乳、发酵乳）］
26	内蒙古伊利实业集团股份有限公司北京乳品厂	密　云	乳制品［液体乳（发酵乳、巴氏杀菌乳）、乳粉（全脂乳粉）、其他乳制品（干酪）］

数据来源：北京市质量技术监督局。

从表3.1中可以看出，北京的26家乳品加工企业只有3家企业分布在市区，剩余的23家乳品加工企业都分布在远郊区、县，集中分布在东北地区，昌平、顺义、通州的乳品加工企业最多，昌平和顺义都有5家，通州有4家。北京乳品加工企业的这种布局正是响了应国家的政策，这些企业分布在郊区，使产业布局更加合理，提高了资源的利用效率，更是带动了远郊区、县经济的发展。三元、蒙牛、伊利、光明这样较大的乳品企业对当地的税收做出了很大的贡献。三元在大兴区瀛海镇投资建立乳品加工企业，同时大兴区从资金、政策方面给予一定的帮助，全力支持乳品企业的发展。归原在延庆发展得很好，带动农户从事奶牛的养殖生产，产生的沼气为当地居民免费提供太阳能资源。在生产运营中，也为一批下岗工人提供了合适的岗位，带动当地居民再就业。

产品方面，北京这26家乳品加工企业主要生产的是液体乳、干酪、奶油，液体乳主要包括巴氏杀菌乳、灭菌乳、调制乳、发酵乳。26家企业中，有25家企业都生产液体乳，昌平的JF乳品厂生产的是蛋白饮料类；生产乳粉的企业只有2家：北京三元食品股份有限公司乳品四厂和内蒙古伊利实业集团股份有限公司北京乳品厂。自从2008年的“三聚氰胺事件”，许多消费者对我国的奶粉产品失去了信心，纷纷购买国外进口奶粉，给我国乳品市场带来巨大冲击，许多企业生产奶粉是赔钱的。因此，放弃了奶粉的生产、加工。

3.1.2 生产加工能力

到2013年，北京共有26家乳品加工企业，比2011年减少了2家，但是乳品加工企业的生产规模和生产加工能力是有所增加的。三元、蒙牛、伊利和光明的生产规模比较大，在北京市场上堪称乳业的四大巨头。根据对北京乳品市场和乳品企业的调研，北京市生鲜乳产量每天大约是1 600吨，而三元每天的加工量可达800吨，可占乳品加工量一半的产量。光明的日产量200

吨，伊利的日产量150吨，具体见表3.2。可见，北京大部分的乳制品都被三元、蒙牛、伊利和光明这4家上市企业占据了，其他小型乳品加工企业只占一小部分市场份额。

表3.2 乳品企业日实际加工能力

单位：吨

企业名称	2011年	2012年	2013年
三　元	650	730	800
蒙　牛	130	200	250
伊　利	100	120	150
光　明	80	100	200
达　能	82	50	70
和　润	5.5	6.18	8
归　原	3.61	6.67	7.22
吉　康	0.4	0.4	0.4
恒　兴	3.61	4.17	6.94

数据来源：调研整理。

在对乳品企业的调研过程中，发现乳品加工企业的实际生产能力与企业的设计加工能力相差还很远，像三元、蒙牛、伊利、光明这几家上市的乳品加工企业的实际生产能力与设计能力相差不多，一些小型企业两者就相差很远了。因此，北京乳品加工企业的实际生产能力可提升的空间还很大（表3.3）。

表3.3 乳品企业设计加工能力

单位：吨

企业名称	2011年	2012年	2013年
三　元	800	800	1 000
蒙　牛	200	400	400
伊　利	200	200	200

（续）

企业名称	2011年	2012年	2013年
光　明	200	200	300
达　能	150	150	150
和　润	20	20	20
归　原	4.17	9	9
吉　康	0.8	0.8	0.8
恒　兴	8	10	10

数据来源：调研整理。

3.2　奶源供应情况

3.2.1　奶源紧缺，奶源存在安全隐患

目前，北京存在奶源紧缺的现象。一些大的企业有自己的养殖中心。例如，三元公司80%的牛奶都来自于三元绿荷奶牛养殖中心，为集团自有奶源。在针对奶源缺口这个问题上，三元奶源部经理提出：奶产品往外走，包括北京外的省市及国外，往西部走。目前，三元已经与河北省签署了战略协议，包括土地规划、奶牛饲养、加工企业的一些要求、发展方向。在奶源安全方面，政府应该负责抽样、检测，但是目前，这部分的工作落在了企业的身上。政府应该派人去养殖场了解信息，检测奶源安全，一旦有不安全的奶源现象，政府应该及时在网上公布奶源不合格的养殖场名单，这样乳品企业就有了参考。

吉康的生产加工能力大概为500千克/天，实际加工能力大概为780千克/天，奶源全部来自北京市昌平区沙河镇农机试验站，与这家已经合作多年，合同是一年一签。该企业的生产能力与加工能力相差很远，有一部分原因是奶源紧缺。和润针对目前情况指出：牧场利润走低，养殖户越来越少。奶源数量将来会越

来越少。

光明的北京奶源供应情况：①光明自有（2 家：荷斯坦牧场，在天津，另外一家是在山东德州）＋签约牧场（11 家）。这些签约牧场一半多在北京周边；②13 个奶牛养殖场，挤奶奶牛8 698头；③所有养殖场均有一套完整的挤奶设备。光明达能共有 19 个生奶储存罐。每日储存 300 万吨。奶源紧缺，光明有很大的缺口，2013 年缺口 50 吨/天，2014 年缺口 100 吨/天。该企业产能大概是 250 吨/天，但是实际产量只有 200 吨/天。奶源的成本占最终生产成本的 50%，占市场销售价的 25%。最近乳制品价格涨幅波动很大，究其原因是原料奶涨价。目前平均牛奶收购价 5 元/千克左右，最高达到 6 元/千克。企业的费用除了原料奶，还有人工成本、场地费用。在 2012 年年初宰杀了许多牛，农户不会考虑整个产业链问题，只考虑了个人的利益问题，他们觉得杀牛卖肉比卖奶挣钱。奶源问题的核心层面是利益问题，对农户来说能赚多少、收益多少才是最重要的。因此，光明希望在奶源层面，政府会出台政策，给予一些大牧场、可能继续发展的牧场一些资金扶持，使得奶源供应量能与企业的发展相匹配。光明对奶源的质量严格把关，光明奶源理念是：只有好奶才能做出好的产品。因此，政府对牧场要严格把关，规模化也要适当要求，因为环境的承载力是有限的，但同时也要注意农户的积极性。

伊利认为在奶源方面，不存在紧缺现象，因为该企业与 30 多家牧场签订独家合同，这些牧场只能提供给伊利，不能再给别的乳品企业提供奶源。伊利为这些合同牧场提供养殖服务，派专家给予技术指导，提升了原料奶产量，这样就能实现双赢，稳定了双方的合作。截至 2013 年年底，原料奶收购价已经达到了 5.49 元/千克。

达能表示奶源存在安全隐患。建议：一是提升乳品企业和奶农双方的诚信度。企业不能随便压价，奶农也不能为追求利益最大化随意提升原料奶价格。二是提升奶源质量。国家应制定统一的奶源质量标准，像体细胞应控制为 40 万以下，国外这方面做得比较好，以色列能够控制为 10 万以下。三是国家应出台相关的政策统一管理拒收奶。此外，还应该给企业制定统一的原料奶收购标准。

3.2.2 奶源供应不平衡

在一年当中受气候等各种因素的影响，奶源的供应和需求都是不平衡的。6～10 月，乳品市场的需求很大，但是牛奶的产量却很低，不能满足市场的需求。相反，12 月至翌年 4 月，乳品加工企业所需的原料奶是全年最低，但是此时牧场的原料奶产值却很高。所以，原料奶的供给和需求是很不平衡的。在这种情况下，乳品加工企业就会依赖于对原料奶的进口，这样就会导致乳品价格上涨，冲击乳品市场。2013 年年底，北京的平均奶价已经达到每千克 5.49 元，远远超过了欧盟的价格。

3.3 北京乳品加工企业基本运营模式

3.3.1 “企业＋自建牧场”模式

“企业＋自建牧场”这种模式比较简单，企业有自己的养殖场，产出的原料奶除了供自己的乳品加工外，还可以将多余的原料奶卖给其他乳品企业。例如，恒兴有自己的牧场，目前奶牛存栏 460 头，奶源充足，除了自己加工乳制品外，还将一部分奶源卖给北京吉康食品有限公司，周六日卖给八喜。北京归原农业发展有限公司是一个集有机饲料种植、有机奶牛养殖、有机牛奶加工、有机乳制品销售四位一体的民营农业科技型企业。公司位于延庆县康庄镇，总资产5 000万元，占地2 240亩*，其中饲料用地2 110亩，绿化用地 30 亩，养殖占地 80 亩，其他 20 亩。总建筑面积 2.6 万米^2。现存栏有机奶牛

* 亩为非法定计量单位。1 亩＝1/15 公顷。

700头，年产有机生鲜乳3 000吨。该乳品企业的奶源完全供给自己企业的乳制品加工。该种模式的乳品加工企业不会担心奶源不足的问题，有充足的奶源保证。

3.3.2　“企业＋合作牧场”模式

“企业＋合作牧场”是一种比较传统的模式，企业会与牧场签订合同，牧场保证企业的奶源供应，但是有的牧场不一定只供应一个乳品加工企业，北京的和润和伊利就是这种运营模式。和润的奶源来自于大兴，与2家牧场长期签订合同，分别是安怡牧业和易盛发牧业，各有300多头奶牛，这2家合作牧场的原料奶只卖给和润这一家乳品加工企业。和润的奶源没有扩张的原因是目前该企业面临着拆迁，不允许再建，和润面临着生存问题。伊利的奶源全部来自北京，总部是自建牧场，北京是合作牧场，有30多家，属于独家合同，不允许这些牧场将奶源再卖给其他企业，这些牧场大部分分布在怀柔、密云这一带。伊利对生鲜乳有严格的管理条例，达到要求才收购。

3.3.3　“企业＋合作牧场＋奶站”模式

“企业＋合作牧场＋奶站”是一种比较传统的模式，企业与牧场有合同，但有的时候奶源供应不足，合作的牧场并不能满足企业对奶源的需求，企业就会从奶站购买原料奶。北京吉康食品有限公司是生产意大利奶酪的，该企业的奶源大部分来自于北京昌平区沙河镇农机试验站，合同虽然是一年一签，但是吉康与该牧场已经合作很多年了。

3.3.4　“企业＋奶牛养殖合作社”模式

“企业＋奶牛养殖合作社”属于一种创新的模式，奶联社的运作也反映了企业的运作。达能乳业为了保证奶源的供给，稳定奶源，采用了这一契约模式。企业使用奶农入股分红的方式，将奶农的利益与企业的利益联结在一起，这样就为稳定奶源提供了较好的保障。

3.3.5　“企业＋自建牧场＋合作牧场＋大股东旗下牧场”模式

“企业＋自建牧场＋合作牧场＋大股东旗下牧场”的模式对企业的要求是相对较高的，需要有一定的经济实力，北京光明健能乳业有限公司就是此种运营模式。光明有 2 家自有牧场，分布在天津和山东，还有 11 家合同签约牧场，大约有 1 万头成母牛，大部分分布在北京周边。

3.3.6　“企业＋自建牧场＋合作牧场＋规模化农场＋大股东旗下牧场”模式

“企业＋自建牧场＋合作牧场＋规模化农场＋大股东旗下牧场”这种模式只有大型的乳品加工企业才有，因为这种模式对企业的经济实力要求很高。三元公司 80％的牛奶都来自于三元绿荷奶牛养殖中心，为集团自有奶源。三元绿荷奶牛养殖中心，饲养着 4.5 万余头高产的奶牛。2011 年，三元绿荷平均每年每头奶牛产奶10 900千克，超过欧盟和美国水平。尽管如此，三元目前奶源仍有缺口，缺口大约是 200 吨/天。

3.4　乳制品流通、销售渠道

3.4.1　以大卖场、超市、便利店为主要销售渠道，乳品专卖店有待于发展

在北京销售乳制品的大卖场中，主要以华联、沃尔玛和家乐福为代表，因为这几家卖场购物环境很好，规模较大，商品种类齐全，而且价格低廉，吸引了广大消费者前来购买乳制品，这个现象表明乳制品的品牌忠诚度较低。但是，乳品企业要进入这类大卖场，需要支付的费用很高，包括场地费、店庆费和海报宣传费等，乳品企业还承担着乳制品的退货成本，这无疑给乳品企业带来沉重负担，也是企业最为头疼的销售渠道。

超市主要以物美、美廉美、京客隆和永辉为代表。乳制品主要以中低端的液态乳为主，价格实惠，促销活动较多，货源也较

为充足，乳制品的展台较大，分品牌按不同区域摆放。顾客对乳制品品牌的忠诚度较高，是乳品加工企业市场渗透最为有利的渠道，此渠道对乳品企业的物流配送以及人力有较高的要求。

便利店主要以物美、超市发、好邻居和 7-ELEVEn 为代表。物美、超市发这样的便利店在学校周边、小区多见，主要面对的是学生和一般消费者，这些人群对价格十分敏感，对品牌忠诚度低。因此，促销是吸引周边消费者的有利手段。7-ELEVEn 面对的是白领这样的高端消费者，主要分布在市区的写字楼和商业区附近，乳制品主要以酸奶和牛奶为主，价格也相对其他便利店较贵。因此，乳品企业送往便利店的常温奶和保鲜奶也是促进企业扩展市场的有利渠道。

乳品加工企业为了节省进入商场和超市所要花费的费用，开始形成了自己的乳品专卖店。在北京只有三元有自己的专卖店——三元梅园，目前已经发展到了 30 家，以奶酪、双皮奶、酸奶、奶卷、松仁乳酪、奶勃勃和山楂酪等为主要代表的宫廷特色小吃，深受老北京市民的欢迎。由于这种乳品专卖店会受到地理位置、店铺面积等因素的影响，其他乳品企业还没有充分利用乳品专卖店销售自己的产品，加之一些小的乳品加工企业生产能力不足、技术有限，不能生产出种类齐全、口味多样的乳制品。所以，专卖店这种销售渠道还未被广泛应用。

3.4.2 以百货商场、街头摊点、到户奶为主的传统模式继续发展，奶站和社区食杂店逐渐被取代

百货商场所处的地段比较繁华，流动人口较多，许多商场的地下一层作为食品的专卖地方，一般都是高档乳制品，价格也很贵。像西单、翠微和王府井这些商场所售的乳制品种类不多，但是有许多都是高档乳制品。像北京和润生产的丹麦酸奶、高档酸牛奶、高档浓缩酸牛奶、奶油、奶酪等产品销往沃尔玛山姆会员店、赛特、百盛、华润超市、长安商场、王府井百货等顶级市场，并成为北京沃尔玛山姆会员店的专供商，每天有近万名

外籍客人在食用该厂生产的产品。又如归原生产的归原牌有机巴士鲜奶、归原有机酸奶等两大系列6个品种，市面价格在25元/盒左右，销往翠微这种高档商场。

街头摊点的流动性很大，方便上下班的一些流动人口，常见的形式是地铁站旁的小摊和早餐车。主要以较为便宜的袋装牛奶和袋装酸奶为主，很多不常见的品牌都是利用该渠道，因为该渠道的流通成本比较低。到户奶最早的是三元企业，现在有几家企业也在模仿。

奶站和社区食杂店主要分布在小区、乡村，规模较小，乳制品品种少。很多乳制品不是很新鲜，随着人们对健康的关注，许多消费者放弃奶站和社区食杂店这个消费渠道，到一些大型超市购买。因此，这两种乳制品的销售渠道也逐渐被取代。

3.4.3 餐饮、团购和网购兴起

酸奶和牛奶在餐饮中随着消费者健康意识的增强而受到欢迎，北京目前已有1万多家餐馆销售乳制品，但是这些乳制品都是高档的。原因是餐饮渠道的进店费比较高，对乳制品的质量、企业的物流配送要求很高。因此，只有高端的酸奶、牛奶有可能进入餐饮渠道，如三元、蒙牛、伊利、光明的乳制品，和润的日式酸奶、丹麦酸奶，归原的有机奶。但是进驻酒店、餐饮渠道的乳制品数量规模却不是很大。一些小规模、不知名的乳品企业，生产出来的中低端产品很难进入此渠道。

北京是全国的政治、经济、文化中心，聚集了中央国家机关、银行、科研机构、学校、医院、企事业单位，随着人们对健康意识的增强，乳制品宣传力度的加大，使得这些政府、企事业单位选择乳制品作为福利发放。政府学生奶计划的推广，许多中小学学生午餐中就会配有酸奶。随着人们品牌意识的增强，这些机关单位、学校购进的乳制品基本上还是那四大品牌：三元、蒙牛、伊利和光明。许多乳制品企业看中了团购这个销售渠道的市场潜力，纷纷增加人力和物力，想在这个市场上分到一杯羹。

随着网上购物的兴起，人们体会到网购的方便、省时、省力，有部分消费者开始在网上购买乳制品。网上的乳制品相对实体店来说，种类齐全，口味丰富，还有许多进口乳制品。加之能送货上门，价格相对较便宜，因而吸引了许多年轻的消费者。

3.5 经济效益

表 3.4 北京乳品企业营业额及利润额

单位：万元

序 号	企业名称	注册资金	2011 年营业总额	2011 年利润总额
1	健 生	425	18.32	0.78
2	建 勋	1 500	5 212.00	—
3	圣 祥	79	—	—
4	龙 泉	130	485.00	−20.92
5	奥德华	150（美）	132.00	0.81
6	KEX	2 800	1 444.25	−168.58
7	鑫华星	2 000	4 137.58	−3.91
8	三 元	—	21 733.00	—
9	蒙 牛	12 000	434 205.00	3 066.00
10	艾莱发喜	1 060（美）	40 734.00	1 983.00
11	健 生	200	106.54	−152.38
12	超 凡	108	1 185.24	28.94
13	光明 JN	11 959	18 989.09	140.8
14	天 辰	495	1 487.50	−34.35
15	富 邦	108.8	82.87	0.16
16	吉 康	15（美）	918.00	13.00
17	恒 兴	60	106.55	7.13
18	和 润	100	1 614.53	107.7

（续）

序　号	企业名称	注册资金	2011 年营业总额	2011 年利润总额
19	三　元	88 500	208 065.00	12 840.00
20	乳　旺	2 510（美）	66 827.00	9 687.00
21	鸿　达	50	16.28	－10.05
22	达　能	15 500	27 330.00	－22 853.00
23	归　原	500	342.29	8.65
24	BLH	4 108	52.79	－432.89

数据来源：2011 年北京市工商行政管理局数据统计。

到 2011 年年底，全国共有 784 家乳品加工企业，有 147 家是亏损的，占企业总数的 18.75%。北京的 24 家乳品加工企业，有 8 家处于亏损状态，占企业总数的 33.33%，远远高于全国平均水平。北京乳品企业的利润额是 1.34 亿元，全国乳品企业的利润额是 176 亿元，北京只占全国乳品企业利润额的 0.76%。随着北京乳品加工企业竞争的加剧，乳品市场呈现出整合的现象，乳品企业的经济效益由于企业规模差异呈现出不同（表 3.4）。

3.6　小结

本章从乳品加工企业的基本情况、奶源的供应情况、乳品加工企业基本运营模式、企业的流通销售渠道以及企业的经济效益这 5 个方面描述了北京乳品企业的发展现状。运用了调研的真实数据，客观地描述了北京乳品行业面临的情况，为找到影响乳品企业成长性影响因素奠定基础，也为提供政策建议提供了方向。

4 北京乳品企业成长熵评价模型的建立

4.1 成长熵的提出与模型构建原理

4.1.1 成长熵的提出

将企业比作一个系统，熵理论适用于北京乳品企业的成长。处于封闭状态的乳品企业，在熵理论的影响下，不能正常的与外界环境进行信息、能量、物质的交换，系统就会变得紊乱，不利于乳品企业的成长。通过阅读了大量的企业成长理论和熵理论的文献，我们认为成长熵是指企业在封闭状态下，企业的人力资源、财务方面、技术创新等因素在企业运作过程中会增加无用能量，企业的成长熵也会增加，影响了企业健康、有序的发展，企业的成长性会不断下降。

4.1.2 成长熵评价模型的构建

将影响企业内部成长性的因素定义为成长能力和成长潜力两个维度，这是企业成长的内因。将影响企业外部成长性的因素定义为成长环境，这是企业成长的外因。因此，构成北京乳品企业成长熵评价模型的 3 个维度分别是成长能力熵、成长潜力熵以及成长环境熵。成长能力熵是对企业成长能力的测评，成长能力强的企业能够占据更多的市场份额，获取更多的利润，促进企业更快地发展。成长潜力熵主要是指企业未来发展的潜力，受到企业成长能力的影响，成长能力强的企业，成长潜力也就越强，两者可以相互转化。企业的成长潜力还会受到外部环境的影响。成长环境是企业面临的宏观环境、行业竞争度和外界认同度等。企业运行中受到环境的影响，与外界环境进行信息、物质以及能量的交换，吸收外界的正能量来增强企业自身的成长能力。成长环境对成长能力和成长潜力的转换具有促进或者抑制的作用。当外界的环境有利于企业发展时，企业的成长能力和成长潜力就强；当外界的环境对企业的发展不利时，企业的成长能力和成长潜力就会弱。成长能力熵、成长潜力熵以及成长环境熵共同构成了北京乳品企业的成长熵评价模型，如图 4.1 所示。

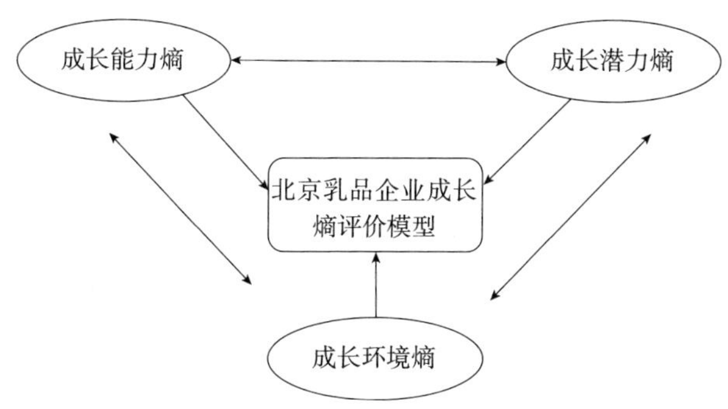

图 4.1　北京乳品企业的成长熵评价模型

如图 4.1 所示，北京乳品企业成长熵模型由企业的成长能力熵、成长潜力熵和成长环境熵三部分构成，这三者相互作用，共同促进北京乳品企业的成长。成长能力熵是促进企业成长的直接动力，成长能力强的企业会占据较大的市场份额，提高了企业的竞争力，使企业获取更多的利润。成长潜力熵和成长环境熵都会受到企业成长能力熵的影响，成长能力强的企业会有很好的成长潜力，这样企业会获得更多的经济、政策的支持，会有一个很好的成长环境。成长潜力熵主要是指该企业未来的发展潜力，成长潜力熵在外界环境的作用下，企业通过人员的重组、资源的整合、战略的转变，进而转变为企业的成长能力熵。企业的成长环境主要是指企业面临的宏观环境、行业竞争度、外界认同度，国家政策和当地政府的扶持会促进企业的成长。成长环境对成长能力和成长潜力的转换具有双重作用。当外界的环境有利于企业发展时，企业的成长能力和成长潜力就越强，成长潜力熵能够转化为成长能力熵；当外界的环境对企业的发展不利时，企业的成长能力和成长潜力就会弱，成长潜力熵很难转化为成长能力熵。

4.1.3 成长熵数学模型的构建

（1）底层指标产生的成长熵流值的计算公式。根据熵理论的研究，企业成长熵的计算公式如公式（4-1）所示。

$$ds_i = \sum k_j ds_j \quad (4\text{-}1)$$

其中：i 是影响企业熵值的各种指标；j 是指标 i 下的各个指标；k_j 为各个指标的权重；ds_j 是各种指标所产生的熵流值。

（2）企业各种指标产生的熵流值的计算如公式（4-2）所示。

$$ds_j = -K_\beta \frac{X_j}{\overline{X}_j} \ln \frac{X_j}{\overline{X}_j} \quad (4\text{-}2)$$

其中：K_β是成长熵系数；在研究对象所属行业，每增加单位收益所需要追加的成本值：$\frac{\Delta C}{\Delta E}$；$j$ 是指标 i 下的各个指标；X_i 是 j 指标的实际值；$\overline{X}_j$ 是 j 指标的标准值，本书选用的是样本的平均值。

（3）成长熵的计算。对于企业成长熵的计算分为以下几个步骤：

①构建乳品企业成长熵评价指标体系。根据北京乳品企业成长性影响因素和成长熵模型，建立成长熵指标体系。

②构造水平成长熵矩阵 A。$A=(ds_1,\cdots,ds_i)$，其中，ds_i 是各个指标的熵流值。

③构造各影响因素的相互作用力矩阵 B_{ij} 。通过构建相互作用力矩阵 B_{ij} 来反映指标之间的相互影响大小。本书采用交互影响预测法来确定 B_{ij} 。在 B_{ij} 的确定过程中，首先确定 2 个指标的相互影响方向，将这种影响分为 3 种并量化，如公式（4-3）所示。

$$K_{ij}=\begin{cases}1 & \text{正影响}\\ -1 & \text{负影响}\quad (i\neq j;i,j=1,2,\cdots,n)\\ 0 & \text{无影响}\end{cases}\tag{4-3}$$

然后将影响力的大小进行量化，假设两个因素之间的影响力大小为 S_{ij} ，$s\in$ [1，2]，将影响力的大小定义如表 4.1 所示。

表 4.1 影响力的大小定义

S 值	1	1.2	1.4	1.6	1.8	2
影响力	无影响	微弱影响	弱影响	较强影响	强影响	极强影响

那么，相互作用力按公式（4-4）计算。

$$B_{ij}=K_{ij}\times S_{ij}(i,j=1,2,\cdots,n)\tag{4-4}$$

然后采用专家意见法，对指标之间的影响力进行评价，将专家的评价结果汇总最终得到相互作用力矩阵：

$$B_{ij}=\begin{bmatrix}b_{11} & \cdots & b_{1j}\\ \vdots & \cdots & \vdots\\ b_{i1} & \cdots & b_{ij}\end{bmatrix}$$

④计算各指标的权重，构造权重矩阵。权重的确定采取的是德尔菲法。选取专家组，通过对各个因素的重要程度进行打分，然后汇总求得各个因素重要性的平均得分，最终计算得到各个因素的权重：

$$C_i=\begin{bmatrix}C_1\\ \vdots\\ C_i\end{bmatrix}$$

⑤总熵按公式（4-5）计算。

$$ds_{总}=A\times B_{ij}\times C_i=(ds_1,\cdots,ds_i)\times\begin{bmatrix}b_{11} & \cdots & b_{1j}\\ \vdots & \cdots & \vdots\\ b_{i1} & \cdots & b_{ij}\end{bmatrix}\times\begin{bmatrix}C_1\\ \vdots\\ C_i\end{bmatrix}\tag{4-5}$$

4.1.4 模型的应用说明

（1）模型的单一应用。首先收集评价北京乳品企业成长性的各个指标的数据，根据成长熵的公式（4-1）计算出北京乳品企业成长的各个指标的成长熵，最后对数据进行加权，得到北京乳品企业的成长熵流值。熵值越小，说明该企业的效用值大，企业处在有序的发展状态，企业的成长性好；反之，熵值越大，表示企业的效用值小，企业处在无序的发展状态，企业的成长性差，需要重新整顿。

（2）模型的综合应用。企业的成长性是由成长能力熵、成长潜力熵和成长环境熵三者共同作用的，而三者也不是静止不变的，是时刻发生变化的。成长能力熵和成长潜力熵在成长环境的作用下可以相互转化。模型的综合应用是将成长环境熵融入成长潜力熵和成长能力熵中，综合的成长能力熵是成长能力熵和成长环境熵共同作用的结果。对北京乳品企业的成长性进行综合评价也就是构造综合成长能力熵和综合成长潜力熵的二维模型，通过构建这二维模型可以对北京乳品企业的成长类型进行分类，如图4.2所示。

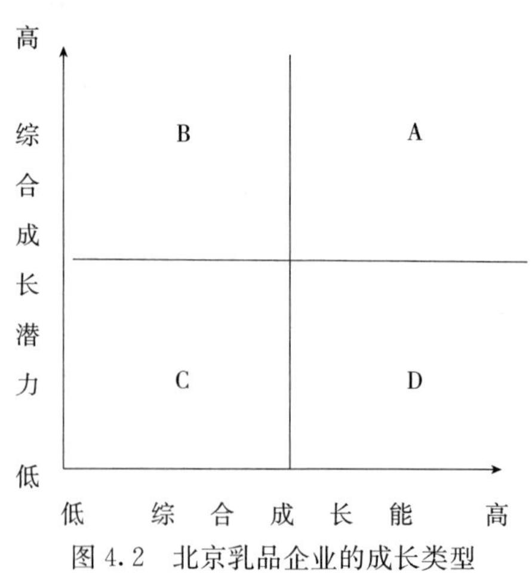

图4.2 北京乳品企业的成长类型

如图4.2所示，根据二维模型，可以将北京乳品企业的成长分成4类。A区域的企业是生命周期的成长期，有非常强的成长潜力和成长能力，成长能力很好，属于强势企业；B区域的企业是生命周期的创业时段，有很强的成长潜力，但是成长能力低，属于潜力企业；C区域的企业是企业生命周期的衰落期，成长潜力和成长能力都低，属于弱势企业；D区域的企业具有很高的成长能力，但是成长潜力很低，虽然具有较高的市场份额，但是获得利润的空间很小，发展前景不是很好，属于实力企业。

4.2　北京乳品企业成长性影响因素分析

4.2.1　影响北京乳品企业成长的外部因素

（1）区域经济环境。经济环境是一个较为庞大的环境体系，主要是指企业发展的环境，可以理解为促进或制约企业经济发展的各种外部因素的集合，但又是不可控的。主要包括的要素有经济制度、经济发展水平、经济发展阶段、地区的收入水平、财政政策、技术环境、政治环境、自然环境以及市场体系等。经济发展水平决定了居民收入水平，从而决定了居民的消费水平。区域的经济发展水平越高，居民的消费能力就越强。所以，经济发展水平决定了居民收入、消费结构、市场规模，决定了某一时期内市场对乳制品的需求。区域经济环境直接影响着企业的建立和发展。当经济环境处于较好时，对企业的成长性有利；当区域经济环境处于衰退期时，会对企业的成长性产生不利影响。

（2）市场环境。市场环境对企业生存与发展有着重要的地位，是企业赖以生存的地方。完善的市场结构可以促进企业的成长，乳品企业也不例外。完善的原材料市场、消费者市场、资金市场以及技术市场会是企业成长的有利条件。对于乳品企业来说，奶源是乳品企业之本，得奶源者得天下充分说明了奶源对乳品企业的重要性，充足的奶源才能保证企业的正常运转。市场的容量决定了市场对特定产品的需求，决定了企业的规模。企业生产的最终目的是将产品卖出，获得利润，消费者的数量、消费习惯和购买力都会影响到企业的获利。乳品企业的发展也需要大量的科研投入，需要有科技型人才和充足的资金，专业的研发机构和完善的研发体系对乳品企业也很重要。近几年乳品行业的竞争十分激烈，乳品市场秩序混乱，乳品安全事件频发，都制约了乳品企业的成长。因此，乳品企业要不断地适应市场变化，还要有社会责任意识。

（3）政策因素。政策有利于国内乳制品行业做大做强，对行业发展具有较强指导意义。政府的扶持，尤其地方政府的扶持对企业的发展有直接的促进作用，使企业容易获得融资和消费市场，促进企业发展。政府响应国家政策，可以对乳品行业进行直接扶持，当地政府对乳品企业的扶持，不但能促进企业较快成长，还能带动当地就业，促进当地经济发展。

4.2.2 影响北京乳品企业成长的内部因素

（1）财务能力。企业财务状况的好坏，尤其是盈利能力、营运能力、偿债能力以及财务增长潜力是影响企业成长的重要经济因素。盈利能力是指企业获取利润的能力，企业生存的目标就是获取更多的利润。营运能力是指企业运用资金进行经营活动的能力。对盈利能力的分析可以直观反映企业资产运营的效率，发现企业在资产运营中存在的问题。偿债能力是指企业偿还到期债务本金和利息的能力。偿债能力的大小直接关系到企业持续经营能力的高低。企业能否扩大生产、扩大经营、持续成长，需要有稳定的财务状况和雄厚的资金基础。乳品企业需要有充足的资金投入维持企业发展和新品研发。食品行业容易引起食品安全事件，2008年以来，问题奶事件频发，企业就需要有额外的资金来解决问题。

（2）市场营销能力。在竞争日趋激烈的市场环境下，市场营销能力越来越被众多企业所重视，企业营销做得好，就掌握了市场的主动权，营销不是企业成功唯一的因素，却对企业的成功起着关键作用。企业经营的目标是盈利，而营销能力是企业盈利的根本保证，只有满足了市场的需求，企业才能获得利润，企业的营销能力对企业的成长有很大的影响。市场占有率和销售收入增长率是衡量企业市场营销能力的重要指标。北京的乳品企业应该利用北京这个大的消费群体优势，选择正确的营销策略，使企业的产品在市场中占有一定的市场份额，在竞争中立于不败之地，为企业获取更多的利润，促进企业健康、有序成长。

（3）技术创新能力。企业创新能力是指员工通过各种方法手段，应用所学知识和智力，使企业满足或创造市场需求，增强企业竞争的能力，为企业获取更多的利润。成长性好的企业会有比较强的创新力，因此创新对企业的成长性有促进作用。技术创新可以提高企业的生产效率，降低生产成本。领导创新能够使企业朝着正确、健康、向上的方向发展。体制创新可以使企业良好运作，有利于维护企业管理。员工的创新也起着很重要的作用，员工发挥聪明才智，增强了集体的创新性和凝聚力。因此，创新可以促进企业的成长。

（4）企业家能力。企业家是企业的决策者和指挥者，在激烈的市场竞争中，企业的兴衰成败与企业家素质有着很大的联系。企业家的能力包括企业家的主动性、创新性，主动性主要表现在对事物进行决策时总能有科学的论证，能够遇见事物的发展方向，敏锐地捕捉市场机会，根据市场的需求满足消费者的需要。创新性表现在对企业制度、产品研发的创新。企业家的能力和素质决定了企业的发展、定位和人力资源的使用。此外，企业家的性格和个人魅力有助于企业形成强大的凝聚力，有助于提高员工对企业的忠诚度。因此，企业家的能力和素质对企业的成长性有一定的影响，决定了企业的发展方向。

（5）人力资源管理能力。现代管理大师彼得·德鲁克曾经说过："人，是企业真正的资源。"人力资源管理对企业的发展至关重要，是企业可持续发展的动力。随着经济的发展，管理环境与经营环境日趋复杂，企业间的竞争越加激烈，其核心是人才的竞争。人力资源的素质水平和整体实力决定了竞争力的大小。好的领导能将整个企业的发展带动起来，管理者对员工的培训、对员工的素质影响也十分重要，管理者要努力提高员工的整体素养，增强员工的积极主动性。可以说，人力资源是整个企业发展的命脉。

（6）物流运输能力。物流是企业生产和销售中的重要环节。企业经过多年的经验已经意识到物流对市场营销的重要性，可以说销售就是物流，反过来物流就是销售。物流系统不仅是企业能够完整运营的中心环节，也是企业能否在市场立足、占有一席之地的重要保障。企业高效便捷的物流服务能够确保赢得客户的满意度。因此，企业加快物流的发展，可以消除生产者和消费者之间沟通的障碍，既提高了企业的生产效率，又满足了消费者的需求，是企业迅速占领市场的捷径。乳品企业生产的乳制品的特殊性决定了物流运输的重要性。由于乳制品具有鲜活、保质期短的特性，对运输中的温度和时间控制都有很严格的要求。所以，物流运输是乳品加工企业面临的严峻挑战之一。

4.3 乳品企业成长性评价指标的确定

4.3.1 评价指标体系的设计原则

（1）指标体系完善的原则。北京乳品企业的成长性评价是一个较为复杂的庞大的工程，在构建成长性的影响因素时，要将财务指标与非财务指标相结合、动态指标与静态指标相结合、定量指标与定性指标相结合，根据北京乳品企业发展的内部、外部环境的影响因素，构建北京乳品企业成长性的评价指标体系。

（2）科学性原则。在选取北京乳品企业成长性的评价指标体系时要有科学合理的依据，选取的指标要能综合地反映北京乳品企业成长性系统熵计算的基本内涵和要求，要科学合理地确定指标的各级各层权重。

（3）可行性原则。构建北京乳品加工企业成长性指标体系，进而对各财务指标体系中的具体评价指标的权重进行合理的赋值，根据综合得分排名结果，对北京的乳品加工企业成长性进行综合评价，进而提出完善乳品企业成长性发展的对策建议。也就是说要应用到具体实际当中，所以，构建的评价指标体系要可行，还要进一步明确指标所表示的具体含义。

（4）最小性原则。最小性原则是指在合理、完善地构建北京乳品加工企业成长性指标体系的基础上，所选择的指标要准确、精炼，避免指标的重复。要实现指标体系最小性原则，准确地选取关键指标是非常重要的。

4.3.2 指标体系的构建

根据北京乳品加工企业成长熵评价模型和影响其成长性的因素，可以构建北京乳品加工企业成长熵的评价指标。以层次分析法为依据，将北京乳品加工企业成长性的评价指标体系分为 4 个层次，如表 4.2 所示。

（1）目标层。表示北京乳品加工企业成长熵评价指标体系。

（2）要素层。按照对北京乳品加工企业成长性系统熵流的构成要素分析，要素层包括成长能力熵、成长潜力熵和成长环境熵。

（3）变量层。是每一项要素的构成变量。成长能力熵包括盈利能力、营运能力、偿债能力、市场营销能力、技术创新能力和企业家能力。成长潜力熵包括财务增长潜力、人力资源潜力、物流运输、产品质量和新品研发。成长环境熵包括宏观环境、行业竞争度和外界认同度。

（4）状态层。是变量层要素的具体的测算指标，从本质上反映北京乳品加工企业的正熵和负熵来源。

表 4.2　北京乳品企业成长熵评价指标体系

目标层	要素层	变量层	状态层
北京乳品企业成长熵评价指标体系	成长能力熵	盈利能力	净资产收益率
			总资产报酬率
			销售净利润率
		营运能力	资产周转率
			存货周转率
			应收账款周转率
		偿债能力	资产负债率
			速动比率
			流动比率
		市场营销能力	市场占有率
			销售收入增长率
		技术创新能力	研发经费投入占主营业务收入的比重
			每百人拥有的专利数（项）
		企业家能力	企业家的创新性
			企业家的协作进取能力
	成长潜力熵	财务增长潜力	净利润增长率
			净资产增长率
		人力资源潜力	员工平均受教育水平
			科研人员比例
		物流运输	到货及时性
			数量准确性
			产品完好率
		产品质量	产品稳定性
			产品新鲜度
			产品质量投诉率
		新品研发	新品整体设计
			市场对新品的反映

（续）

目标层	要素层	变量层	状态层
北京乳品企业成长熵评价指标体系	成长环境熵	宏观环境	政策的有利性
			经济环境的支持力
		行业竞争度	竞争程度级别
		外界认同度	客户满意度
			品牌知名度

4.3.3 指标解释和计算

（1）盈利能力。盈利能力是指企业获取利润的能力。企业的最终目的是最大限度地获取利润，以满足经营者、债权人和投资者的利益需要。所以，盈利能力对企业来说非常重要，衡量企业成长性的最直观的指标就是企业的盈利能力。本研究选取以下指标作为盈利能力的子指标，计算公式如下：

净资产收益率＝净利润÷平均净资产×100％

总资产报酬率＝(利润总额＋财务费用)÷平均资产总额×100％

销售净利润率＝净利润÷销售收入净额×100％

（2）营运能力。企业的营运能力是指企业合理运用资金进行经营活动的能力，是财务能力的基本反映，在财务决策中具有重要作用。企业的营运能力指的是企业资产周转的运行能力，反映的是资金的使用能力。因此，乳品企业在日常经营中，应该重视营运资产运转的效率，提高资金使用的效率，以保证乳品企业有较好的成长空间。

资产周转率＝主营业务收入÷平均总资产

存货周转率＝主营业务成本÷平均存货

＝主营业务成本÷（年初存货＋年末存货）÷2

应收账款周转率＝主营业务收入÷平均应收账款

（3）偿债能力。衡量企业持续经营能力的最重要的标准是偿债能力的大小，企业的债权人和投资者都十分关心企业的偿债能力。目前，我国采取的宏观货币政策是紧缩政策，导致乳品企业获取银行贷款更加艰难。所以，乳品企业应该谨慎地运作资金风险管理，避免因为资金的问题而导致乳品企业无法正常运作。

资产负债率＝期末负债总额÷期末资产总额×100％

速动比率＝（流动资产－存货）÷流动负债×100％

流动比率＝流动资产÷流动负债×100％

（4）市场营销能力。市场营销作为企业运转的最后一个环节，地位是非常重要的，只有将自己生产的产品顺利地销售出去，才能实现产品本身的价值。企业在市场营销方面做得好，那么就能掌握市场的主动权。如今技术发达，产品的模仿能力也越来越强，产品的差异化减小，面对这样的情况，企业的市场营销能力就显得越来越重要了。

市场占有率＝本企业主要产品销售收入÷市场上同类产品销售收入

销售增长率＝（本年末销售收入－上年末销售收入）÷上年末销售收入

（5）技术创新能力。企业成长性的动力来源于企业的技术创新，技术创新是企业竞争力的源泉。企业的外部环境是不断变化的，企业只有不断地创新，才能在市场上保有技术领先的优势，才能保证企业的竞争力。技术创新能够保证企业的不断成长。

研发经费投入占主营业务收入的比重＝研发经费投入÷本期主营业务收入×100％

每百人拥有的专利数＝近3年的专利数÷企业员工总数×100

（6）企业家能力。马歇尔认为，企业的成长性依赖于企业家的良好素质和能力，优秀的企业家对企业的成长有促进作用。企业家能力是企业家在企业经营管理活动中表现出来的稳定的心理特征，是胜任领导企业的主观条件，企业家的能力、水平是企业家的核心素质，所以企业家能力是企业成长的关键。本书选取技能能力、定位能力和个人魅力这3个子指标反映企业家的能力。

（7）财务增长潜力。企业财务的增长是企业经营业绩的直接表现，企业只有能将原有资金扩充、增长，才能为企业扩张、成长提供强有力的物质保障。因此，财务增长潜力是企业成长潜力的重要指标。

净利润增长率＝（当期净利润－上期净利润）÷上期净利润×100％

净资产增长率＝（当期净资产－上期净资产）÷上期净资产×100％

（8）人力资源潜力。在这个经济时代，人才是各个企业的秘密武器，是企业的核心竞争力。员工的受教育水平、企业对员工培训的重视都会对企业的成长性产生影响。本书选取员工受教育水平和科研人员比例这2个子指标。对于员工的平均受教育水平，采取学历水平赋值来计算，本科及以上的学历给5分，专科学历给3分，专科以下学历给1分。员工的平均受教育水平就以员工的加权平均得分来衡量。

员工平均受教育水平＝(5×本科以上学历人数＋3×专科学历人数＋1×专科学历以下人数)÷[(5＋3＋1)×员工总人数]

科研人员比例＝科研人员数÷员工总人数×100％

（9）物流运输。由于乳制品是保质期短、需要保鲜的产品，对运输中的温度和时间控制都有很严格的要求。所以，物流运输是乳品加工企业面临的严峻挑战之一。物流运输对提高物流速度、降低物流费用起着至关重要的作用。本书选取了到货及时性、数量准确性和产品完好率3个子指标来反映乳品企业的物流运输。

（10）产品质量。随着人们生活水平的提高，乳制品已经不再是有钱人的饮品，而是作为营养保健品进入千家万户。乳品质量一直是社会和广大消费者所关心的问题，乳品的质量也是乳品企业重要的命脉。企业应该重视乳品的质量监督管理，才能增强企业的竞争力。本书选取了产品的稳定性、产品的新鲜度、产品质量投诉率作为产品质量的子指标。

（11）新品研发。企业为了满足消费者对乳制品口味、包装、营养成分等的多样化需求，企业必须不断地研发新产品，在市场中获得竞争优势。企业研发新产品会给企业带来更多的利润。乳制品的营养价值得到了广泛消费者的认可，随着经济的发展，消费者对乳制质量品的口味、质量、包装、营养价值等的要求也越来越高。所以，乳品企业为了满足消费者的这些需求，需要不断地研发新的产品。本书选取新品整体设计、市场对新品的反映作为新品研发的子指标。

（12）宏观环境。任何企业都是处在一定的社会环境中的，宏观环境和微观环境构成了企业发展的大环境。宏观环境直接地或通过微观因素间接地影响和制约着企业的发展，有利的宏观环境能够促进企业的不断发展。本书选取了政策的有利性和经济环境的支持力作为宏观环境的子指标。

（13）行业竞争度。乳品企业为了生存发展，在行业内立足脚，展开了激烈的竞争。合理的竞争可以促进乳品企业的发展，但是过度的不正当竞争会阻碍乳品企业的发展。本书选取了行业竞争程度级别为子指标，由专家根据不同乳品企业所处的行业竞争情况进行合理打分。

（14）外界认同度。乳品企业的认同度是指消费者对企业的信赖程度以及对企业的口碑。乳品企业频发的问题奶事件，使广大消费者对中国的奶业失去了信心，许多老客户都去买进口奶粉，乳品企业失去了良好的口碑。本书将品牌知名度和客户满意度作为子指标进行研究。

（15）定性指标的处理。定性指标是指不能通过数据计算来评价具体内容的指标，需要一些专家对评价的内容进行客观、公正的分析才能做出评价的指标。本书采取专家打分的方法处理定性指标。通过搜集各乳品企业发展的具体情况，制定评价的统一标准，专家在了解情况后客观公正地对研究对象进行评价（表4.3）。

表 4.3 定性指标的评价标准

定性指标	第一档（90～100 分）		第二档（80～90 分）		第三档（70～80 分）		第四档（60～70 分）		第五档（60 分以下）	
	要求	得分	要求	得分	要求	得分	要求	得分	要求	得分
市场占有率	乳制品在北京 27 家乳品企业中市场占有率排名前 3，产品产销率能达到 90%以上		乳制品在北京 27 家乳品企业中市场占有率排名前 5，产品产销率能达到 80%以上		乳制品在北京 27 家乳品企业中市场占有率排名前 10，产品产销率能达到 70%以上		乳制品在北京 27 家乳品企业中市场占有率排名前 20，产品产销率能达到 60%以上		乳制品在北京 27 家乳品企业中市场占有率排名后 10，产品产销率低于 60%	
企业家的创新性	富有先进的经营理念，积极创新，在进行决策时总能有科学的论证，工作业绩非常突出		经营理念较先进，有一定的创新能力，在进行决策时大部分有科学的论证，工作业绩突出		经营理念有时先进，有时候能创新，在进行决策时能有较为科学的论证，工作业绩较好		经营理念偶尔先进，偶尔有创新，在进行经营决策时有一般的较为合理的论证，工作业绩一般		经营理念落后，没有创新能力，在进行决策时没有经过思考、论证，工作业绩差	
企业家的协作进取能力	企业家十分重视团队协作能力，有强大的进取心		企业家比较重视团队协作能力，能够积极进取		企业家能够重视团队协作，有时积极进取		企业家偶尔关注协作能力，偶尔进取		企业家不重视团队协作，缺乏积极进取的精神	

（续）

定性指标	第一档（90～100分）		第二档（80～90分）		第三档（70～80分）		第四档（60～70分）		第五档（60分以下）	
	要　求	得分	要　求	得分	要　求	得分	要　求	得分	要　求	得分
到货及时性	非常及时		比较及时		及时性一般		偶尔不及时		经常不及时	
数量准确性	非常准确		比较准确		准确度一般		偶尔不准确		经常不准确	
产品完好率	非常完好		比较完好		完好率一般		完好率较低		完好率差	
产品稳定性	非常稳定		比较稳定		稳定性一般		稳定性较差		稳定性很差	
产品新鲜度	乳品非常新鲜，当天生产，当天送出		乳品较为新鲜，当天生产，隔天送出		乳品新鲜度一般，当天生产，第二天以后送出		乳品不太新鲜，当天生产，四五天以后送出		乳品很不新鲜，当天生产，积压很久都没有送出	
产品质量投诉率	0%～2%		2%～5%		5%～10%		10%～20%		20%以上	
新品整体设计	非常好		比较好		一般		不太好		差	
市场对新品的反映	非常满意		较为满意		一般		不太满意		很不满意	

（续）

定性指标	第一档（90～100分）		第二档（80～90分）		第三档（70～80分）		第四档（60～70分）		第五档（60分以下）	
	要 求	得分	要 求	得分	要 求	得分	要 求	得分	要 求	得分
政策的有利性	国家大力支持乳品行业的发展，地方政府对当地的乳品企业有很多政策性和资金上的扶持		国家支持乳品行业的发展，地方政府对当地的乳品企业有政策性和资金上的扶持		国家支持乳品行业的发展，地方政府对当地的乳品企业有少部分的资金扶持		国家支持乳品行业的发展，但地方政府对当地的乳品企业没有任何政策和资金扶持		国家不支持乳品行业的发展，地方政府对当地的乳品企业没有任何扶持	
经济环境的支持力	企业所在的地区经济发展良好，人均工资水平高		企业所在的地区经济发展较好，人均工资水平较高		企业所在的地区经济发展一般，人均工资水平一般		企业所在的地区经济发展不好，人均工资水平低		企业所在的地区经济发展差，人均工资水平很低	
竞争程度级别	乳品行业的竞争度很低		乳品行业的竞争度较低		乳品行业的竞争度一般		乳品行业的竞争度强		乳品行业的竞争度很强	
客户满意度	服务态度很好、十分认真，在消费者中有很高的口碑		服务态度好，在消费者中有好的口碑		服务态度较好，在消费者中有一定的口碑		服务态度一般，消费者能够认同		服务态度差，消费者不认同，有抵制消费倾向	
品牌知名度	该乳品的品牌知名度十分高		该乳品的品牌知名度较高		该乳品的品牌知名度一般		该乳品的品牌知名度较低		该乳品的品牌知名度差	

4.4 指标权重的确立

4.4.1 层次分析法的原理

本书采用层次分析法确定各级指标的权重。层次分析法是将多个目标决策问题作为一个整体的复杂系统，首先将策略问题按最终目标和各分目标、评价方法直到具体的待选方案的顺序分解为不同的层次结构，然后再用求解判断矩阵特征向量的办法，求得每一目标的各元素对上一目标某元素的最大权重，最后通过计算各加权和的方法依次归并各待选方案对总目标的最终权重（图 4.3）。

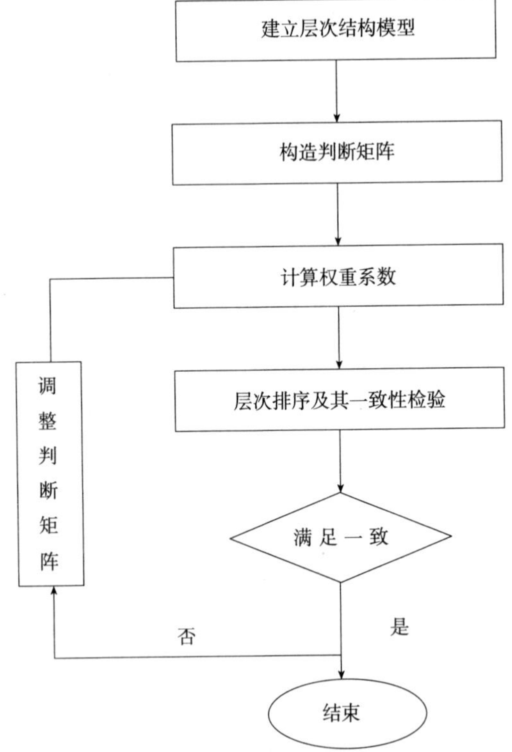

图 4.3　层次分析法的使用流程与步骤

4.4.2 两两比较判断矩阵的构造

根据层次分析法的原理，从各级子目标对财务综合评价进行重要性判别，得出层次结构模型各子目标的判断矩阵。其目的是为了对层次结构中各目标重要性进行赋值，量化各定性因素，从而更加客观地表明各个因素对上一层次因素的权重。构造两两比较的结果采用 T. L. Saaty 教授提出的 1～9 的标度方法。

4.4.3 层次排序及一致性检验

对于判断矩阵最大特征根λmax的特征向量，经过归一化，也就是使向量中各元素之和等于 1。层次排序就是将归一化的元素的同一层次的因素对上一层次的元素的重要性进行排序赋值。衡量判断矩阵是否合适的标准是矩阵中的判断是否具有一致性的特点。能否确认层次单排序以及层次分析法所得到的结果是否合理，需要进行一致性检验，所谓一致性检验是指对矩阵确定不一致的允许范围。一致性指标 $CI=(\lambda_{max}-n)\div(n-1)$。在随机一致性指标的数值表中查到 RI 的数值，见表 4.4。再计算出一致性比率 $CR=CI\div RI$，如果 CR 的值小于等于 0.1，说明构造的该判断矩阵通过了一致性检验，层次排序是有效的；如果 CR 的值大于 0.1，那么说明该矩阵没有通过一致性检验，层次排序是无效的，需要重新构造判断矩阵，直到 CR 的值小于等于 0.1，通过一致性检验。

表 4.4 随机一致性指标的数值判别表 *RI*

矩阵阶数	1	2	3	4	5	6	7	8	9	10	11
RI	0	0	0.58	0.90	1.12	1.24	1.32	1.41	1.45	1.49	1.51

4.4.4 指标权重的确立

根据层次分析法的原理，从各级子目标对财务综合评价进行重要性判别，得出层次结构模型各子目标的判断矩阵。其目的是为了对层次结构中各目标重要性进行赋值，量化各定性因素，从而更加客观地表明各个因素对上一层次因素的权重。构造两两比较的结果采用 T. L. Saaty 教授提出的 1～9 的标度方法，可以得到 14 个比较判断矩阵，见表 4.5～表 4.18。

表 4.5 乳品企业成长性综合评价的判断矩阵 A_1

判断矩阵	B_1	B_2	B_3
	1	2	3
$A_1=$	1/2	1	2
	1/3	1/2	1

表 4.6 乳品企业成长性综合评价的判断矩阵 C_1

判断矩阵	D_1	D_2	D_3
	1	6	7
$C_1=$	1/6	1	3
	1/7	1/3	1

表 4.7 乳品企业成长性综合评价的判断矩阵 C_2

判断矩阵	D_1	D_2	D_3
	1	3/5	8/5
$C_2=$	5/3	1	5
	5/8	1/5	1

表 4.8 乳品企业成长性综合评价的判断矩阵 C_3

判断矩阵	D_1	D_2	D_3
	1	3	7
$C_3=$	1/3	1	3
	1/7	1/3	1

表 4.9 乳品企业成长性综合评价的判断矩阵 C_4

判断矩阵	D_1	D_2
$C_4=$	1 5/7	7/5 1

表 4.10 乳品企业成长性综合评价的判断矩阵 C_5

判断矩阵	D_1	D_2
$C_5=$	1 5/3	3/5 1

表 4.11 乳品企业成长性综合评价的判断矩阵 C_6

判断矩阵	D_1	D_2
$C_6=$	1 3/8	8/3 1

表 4.12 乳品企业成长性综合评价的判断矩阵 C_7

判断矩阵	D_1	D_2
$C_7=$	1 1	1 1

表 4.13 乳品企业成长性综合评价的判断矩阵 C_8

判断矩阵	D_1	D_2
$C_8=$	1 8/5	5/8 1

表 4.14 乳品企业成长性综合评价的判断矩阵 C_9

判断矩阵	D_1	D_2	D_3
$C_9=$	1 1/4 1/5	4 1 1/2	5 2 1

表 4.15　乳品企业成长性综合评价的判断矩阵 C_{10}

判断矩阵	D_1	D_2	D_3
$C_{10}=$	1	4	8
	1/4	1	3
	1/8	1/3	1

表 4.16　乳品企业成长性综合评价的判断矩阵 C_{11}

判断矩阵	D_1	D_2
$C_{11}=$	1	1/2
	2	1

表 4.17　乳品企业成长性综合评价的判断矩阵 C_{12}

判断矩阵	D_1	D_2
$C_{12}=$	1	1
	1	1

表 4.18　乳品企业成长性综合评价的判断矩阵 C_{14}

判断矩阵	D_1	D_2
$C_{14}=$	1	1
	1	1

对于判断矩阵最大特征根 λ_{max} 的特征向量，经过归一化，也就是使向量中各元素之和等于 1。归一化后的元素为同一层次因素对于上一层次因素某因素相对重要性的排序权值，这一过程叫做层次单排序。衡量判断矩阵是否合适的标准是矩阵中的判断是否具有一致性的特点。能否确认层次单排序以及层次分析法所得到的结果是否合理，需要进行一致性检验，所谓一致性检验是指对矩阵确定不一致的允许范围。根据计算可得，判断矩阵 A 的最大特征值是 $\lambda_{max}=3.000\ 04$，归一化特征向量 $W_K=$

(0.574 5，0.278 8，0.146 7)*T*，一致性指标 $CI=\lambda-n/n-1=3.000\ 04-3/3-1=0.000\ 02$，$n=3$ 在随机一致性指标的数值表中查得 $RI=0.58$，故一致性比率 $CR=CI/RI=0.000\ 02/0.58$，计算得 $CR=0.000\ 035<0.1$。所以，*A* 通过了一致性检验。

根据上面的计算原理，分别对判断矩阵 $C_1 \sim C_{14}$ 求层次单排序的权向量并进行一致性检验，计算结果如表 4.19 所示。

表 4.19　各矩阵特征向量及一致性指标

K	1	2	3	4	5	6	7
W_{K_1}	0.739 4	0.282 6	0.668 7	0.583 3	0.375 0	0.727 3	0.500 0
W_{K_2}	0.178 8	0.573 3	0.243 1	0.416 7	0.625 0	0.272 7	0.500 0
W_{K_3}	0.081 8	0.144 2	0.088 2	—	—	—	—
λ_K	3.000 4	3.013 9	3.000 0	2.000 0	2.000 0	2.000 0	2.000 0
CI_K	0.000 2	0.006 9	0.000 0	0.000 0	0.000 0	0.000 0	0.000 0
RI_K	0.58	0.58	0.58	0	0	0	0
CR_K	0.000 4	0.012 0	0.000 0	0.000 0	0.000 0	0.000 0	0.000 0
K	8	9	10	11	12	14	—
W_{K_1}	0.384 6	0.680 6	0.714 6	0.333 3	0.500 0	0.500 0	—
W_{K_2}	0.615 4	0.201 4	0.206 4	0.666 7	0.500 0	0.500 0	—
W_{K_3}	—	0.117 9	0.078 9	—	—	—	—
λ_K	2.000 0	3.000 3	3.000 2	2.000 0	2.000 0	2.000 0	—
CI_K	0.000 0	0.000 2	0.000 1	0.000 0	0.000 0	0.000 0	—
RI_K	0	0.58	0.58	0	0	0	—
CR_K	0.000 0	0.000 3	0.000 2	0.000 0	0.000 0	0.000 0	—

通过上面的计算可知，CR_K（$k=1, 2, \cdots, 14$）均小于 0.1。因此，矩阵 $C_1 \sim C_{14}$ 都通过了一致性检验。

4.5　小结

本章首先从企业的内部影响因素和外部环境分析了北京乳品

企业成长性的影响因素。通过调研分析和阅读相关文献分析可知，影响乳品企业成长性的因素有内部因素和外部环境因素。内部因素对乳品企业的影响是第一位的，决定了乳品企业成长的性质，外部环境因素通过内部因素作用，对乳品企业的成长有制约作用。通过分析，本研究最终得到了影响乳品企业成长的因素有32个，由于外部环境因素对企业成长性的影响作用难以估量，因此，本研究主要考虑内部影响因素对企业成长性的影响，而北京乳品企业成长性评价指标体系的构建主要考虑的也是内部影响因素。其次，根据熵理论提出了成长熵，依据影响北京乳品企业成长的内外部影响因素，从成长能力熵、成长潜力熵和成长环境熵3个部分来构建北京乳品企业成长熵评价模型。根据评价指标体系的设计原则以及北京乳品企业成长性的影响因素构建了影响北京乳品企业成长性的评价指标体系，并解释了各个指标的含义。最后，依据层次分析法原理来确定各目标层的权重。

5 北京乳品企业成长熵评价模型的实证分析

5.1 样本的选取与数据的来源

北京现有26家乳品企业，其中上市乳品企业有4家。为了保证企业样本的代表性，本书根据乳品企业的运营模式，选取了有代表性的5家非上市乳品加工企业和4家上市乳品加工企业。选取了2010—2012年3年的企业数据，上市的4家企业的财务数据主要来自企业所披露的财务报表，其他数据通过问卷调查法、访谈法获得；非上市的5家乳品企业的数据均通过问卷调查法、访谈法和专家意见获得法得到（表5.1）。

表5.1 北京9家乳品企业基本情况

序号	单位名称	企业性质	地址	地区	主要业务
1	北京吉康食品有限公司	非上市	北京市昌平区崔村镇西辛峰村8区6号	昌平	乳制品［其他乳制品（丁酪）］
2	恒兴	非上市	北京市昌平区沙河镇农机试验站	昌平	乳制品［液体乳（发酵乳）］
3	北京和润乳制品厂	非上市	北京市大兴区瀛海镇西一村村委会西20米	大兴	乳制品［液体乳（巴氏杀菌乳、发酵乳）、其他乳制品（奶油、干酪）］

（续）

序号	单位名称	企业性质	地址	地区	主要业务
4	北京归原农业发展有限公司	非上市	北京市延庆县康庄镇大营村南500米	延庆	乳制品［液体乳（巴氏杀菌乳、发酵乳）］
5	北京三元食品股份有限公司	上市	北京市大兴区瀛海瀛昌街8号	大兴	乳制品［液体乳（巴氏杀菌乳、调制乳、灭菌乳、发酵乳）、其他乳制品（奶油、干酪）］
6	达能乳业（北京）有限公司	非上市	北京市怀柔区雁栖经济开发区雁栖北一街6号	怀柔	乳制品［液体乳（发酵乳）］
7	蒙牛乳业（北京）有限责任公司	上市	北京市通州区食品工业园区一区1号	通州	乳制品［液体乳（巴氏杀菌乳、灭菌乳、调制乳、发酵乳）］
8	内蒙古伊利实业集团股份有限公司北京乳品厂	上市	北京市密云县工业开发区清源路1号	密云	乳制品［液体乳（发酵乳、巴氏杀菌乳）、乳粉（全脂乳粉）、其他乳制品（干酪）］
9	北京光明健能乳业有限公司	上市	北京市顺义区林河工业开发区内	顺义	乳制品［液体乳（巴氏杀菌乳、发酵乳、灭菌乳）］

5.2 数据的收集与处理

5.2.1 定量数据的收集

通过建立北京乳品企业成长熵评价指标体系，得到定量指标有17个。对于上市企业来说，直接通过上市企业披露的数据获得，非上市企业数据的获得是通过问卷调查、访谈的方式获得。本书选取了 2010—2012 年 3 年的财务数据，通过计算指标，然后进行加权，最终得到北京 9 家乳品企业的财务数据，见表 5.2。

表 5.2 北京 9 家乳品企业的定量指标数据

单位：%

指标	三 元	蒙 牛	伊 利	光 明	归 原	达 能	恒 兴	吉 康	和 润
净资产收益率	2.50	12.20	23.95	8.60	0.99	5.69	2.83	9.52	31.40
总资产报酬率	17.26	14.03	25.68	29.07	0.85	16.27	20.11	15.41	25.19
销售净利润率	0.86	3.93	3.90	2.37	1.58	1.97	1.16	2.17	5.09
资产周转率	0.98	1.78	2.11	1.77	0.32	1.16	0.89	1.25	3.64
存货周转率	9.91	24.80	9.24	8.72	6.44	11.25	17.31	7.26	11.85
应收账款周转率	17.44	4.11	137.05	11.75	14.85	8.49	12.75	15.91	17.02
资产负债率	43.62	3.66	67.00	56.40	49.23	19.45	41.18	52.45	55.21
速动比率	0.74	1.27	0.40	0.86	0.63	0.81	0.51	0.98	3.85
流动比率	0.97	1.48	0.65	1.15	0.73	0.98	1.38	1.45	2.46
市场占有率	30.00	19.00	20.00	10.00	1.19	3.00	0.60	1.95	2.75
销售收入增长率	14.39	12.59	20.11	20.17	0.60	16.47	1.48	16.73	0.68
研发经费占主营业务收入的比重	0.21	0.14	0.15	0.13	11.35	0.97	0.57	1.21	1.25
每百人拥有的专利数	0.96	1.45	0.87	2.05	6.67	2.41	0.75	3.21	5.00
净利润增长率	−63.68	7.80	48.21	39.95	45.25	−0.59	9.52	11.59	31.47
净资产增长率	4.27	13.27	26.90	27.94	9.49	15.63	11.48	19.47	14.79
员工平均受教育水平	0.39	0.35	0.35	0.41	0.22	0.42	0.29	0.44	0.39
科研人员比例	0.16	0.23	0.19	0.25	17.78	28.48	1.26	8.33	10.00

5.2.2 定性数据的收集

定性指标的处理是根据专家打分法获得的，先拟定具体的评分标准，评分范围在 0～100，专家根据乳品企业的发展情况和评分标准对其进行评分，将专家的打分结果进行平均，最后得到北京这 9 家乳品企业定性指标的得分情况，见表 5.3。

表 5.3 北京 9 家乳品企业定性指标得分

指标	三 元	蒙 牛	伊 利	光 明	归 原	达 能	恒 兴	吉 康	和 润
企业家的创新性	92.87	93.48	91.14	93.57	96.79	93.17	85.15	92.19	95.17
企业家的协作进取能力	93.76	91.58	94.75	94.21	87.46	94.28	90.43	93.47	95.58
到货及时性	90.12	91.53	92.71	93.34	95.12	92.53	95.16	92.19	93.83
数量准确性	96.07	95.43	96.54	95.59	96.47	94.19	95.71	95.13	94.76
产品完好率	93.17	93.46	94.67	95.01	94.13	95.12	96.24	94.87	95.13
产品稳定性	95.32	93.91	95.31	92.95	95.27	94.28	95.23	94.86	95.17
产品新鲜度	94.29	93.47	95.25	94.89	97.42	89.27	91.63	93.21	94.49
产品质量投诉率	91.18	90.21	95.32	95.89	89.12	88.38	96.47	95.21	94.26
新品整体设计	95.13	95.48	94.96	93.49	89.98	96.48	85.53	94.23	96.97
市场对新品的反应	95.87	96.12	95.21	94.94	88.53	92.51	89.71	91.43	95.84
政策的有利性	92.18	89.96	91.12	88.93	70.12	68.98	75.73	76.21	72.85
经济环境的支持力	81.15	80.24	79.04	78.83	75.41	78.43	80.42	79.98	76.93
竞争程度级别	60.00	60.00	60.00	60.00	60.00	60.00	60.00	60.00	60.00
客户满意度	94.17	95.32	95.05	93.87	92.19	91.62	94.32	95.28	93.88
品牌知名度	92.19	93.24	93.87	90.49	81.18	76.54	88.43	89.71	91.89

5.2.3 成长熵流值的计算

北京乳品企业成长熵评价指标体系的权重采用的是层次分析法。构建的成长熵评价指标体系共因素有三级指标，其中二级指标是通过因素打分法确定指标的权重，一级指标和三级指标则通过层次来确定各层次所占的权重，见表 5.4。

表 5.4 北京乳品企业成长熵评价指标体系

	一级指标	权 重	二级指标	权 重	三级指标	权 重
北京乳品企业成长熵评价指标体系	成长能力熵	0.574 5	盈利能力	0.251 8	净资产收益率	0.739 4
					总资产报酬率	0.178 8
					销售净利润率	0.081 8
			营运能力	0.162 4	资产周转率	0.282 6
					存货周转率	0.573 3
					应收账款周转率	0.144 2
			偿债能力	0.135 7	资产负债率	0.668 7
					速动比率	0.243 1
					流动比率	0.088 2
			市场营销能力	0.168 3	市场占有率	0.583 3
					销售收入增长率	0.416 7
			技术创新能力	0.142 6	研发经费投入占主营业务收入的比重	0.375 0
					每百人拥有的专利数(项)	0.625 0
			企业家能力	0.139 2	企业家的创新性	0.727 3
					企业家的协作进取能力	0.272 7
	成长潜力熵	0.278 8	财务增长潜力	0.201 5	净利润增长率	0.500 0
					净资产增长率	0.500 0
			人力资源潜力	0.213 8	员工平均受教育水平	0.384 6
					科研人员比例	0.615 4
			物流运输	0.195 4	到货及时性	0.680 6
					数量准确性	0.201 4
					产品完好率	0.117 9

（续）

	一级指标	权　重	二级指标	权　重	三级指标	权　重
	成长环境熵	0.146 7	产品质量	0.212 5	产品稳定性	0.714 6
					产品新鲜度	0.206 4
					产品质量投诉率	0.078 9
			新品研发	0.176 8	新品整体设计	0.333 3
					市场对新品的反映	0.666 7
			宏观环境	0.421 6	政策的有利性	0.500 0
					经济环境的支持力	0.500 0
			行业竞争度	0.223 7	竞争程度级别	1.000 0
			外界认同度	0.3547	客户满意度	0.500 0
					品牌知名度	0.500 0

（1）成长熵的计算例子。根据成长熵计算公式，以北京三元乳品企业为例，计算 14 个二级指标的熵值，见表 5.5～表 5.18。其中，K 值是乳品行业的投入产出比，根据查阅相关数据可知，乳品行业的投入产出比为 0.78，即K_{β}为 0.78。

表 5.5　盈利能力熵流值计算

子指标	指标得分	标准值	得分比值	熵值计算	权　重	加权得分
净资产收益率	2.50	11.81	0.21	0.255 6	0.739 4	0.189 0
总资产报酬率	17.26	21.51	0.80	0.139 2	0.178 8	0.024 9
销售净利润率	0.86	2.77	0.31	0.283 2	0.081 8	0.023 2
合　计					1	0.237 0

表 5.6　营运能力熵流值计算

子指标	指标得分	标准值	得分比值	熵值计算	权　重	加权得分
资产周转率	0.98	1.66	0.59	0.243 8	0.282 6	0.068 9
存货周转率	9.91	13.17	0.75	0.168 8	0.573 3	0.096 8
应收账款周转率	17.44	42.58	0.41	0.284 7	0.144 2	0.041 1
合　计					1.000 1	0.206 7

表 5.7 偿债能力熵流值计算

子指标	指标得分	标准值	得分比值	熵值计算	权 重	加权得分
资产负债率	43.62	42.67	1.02	−0.015 8	0.668 7	−0.010 5
速动比率	0.74	0.19	3.89	−4.121 7	0.243 1	−1.002 0
流动比率	0.97	0.24	4.04	−4.399 8	0.088 2	−0.388 1
合 计					1	−1.400 6

表 5.8 市场营销能力熵流值计算

子指标	指标得分	标准值	得分比值	熵值计算	权 重	加权得分
市场占有率	30.00	19.75	3.75	−3.866 1	0.583 3	−2.255 1
销售收入增长率	14.39	16.82	4.00	−4.325 2	0.416 7	−1.802 3
合 计					1	−4.057 4

表 5.9 技术创新能力熵流值计算

子指标	指标得分	标准值	得分比值	熵值计算	权 重	加权得分
研发经费占收入比重	0.21	0.16	1.31	−0.276 9	0.375	−0.103 5
每百人拥有的专利数	0.96	1.33	0.72	0.184 5	0.625	0.115 3
合 计					1	0.011 8

表 5.10 企业家能力熵流值计算

子指标	指标得分	标准值	得分比值	熵值计算	权 重	加权得分
企业家的创新性	92.87	92.765	1.01	−0.000 9	0.727 3	−0.000 6
企业家协作进取能力	93.76	92.49	1.01	−0.001 5	0.272 7	−0.000 4
合 计					1	−0.001 1

表 5.11　财务增长潜力熵流值计算

子指标	指标得分	标准值	得分比值	熵值计算	权　重	加权得分
净利润增长率	−63.68	8.07	−7.89	0	0.5	0
净资产增长率	4.27	18.10	0.24	0.267 2	0.5	0.133 6
合　计					1	0.133 6

表 5.12　人力资源潜力熵流值计算

子指标	指标得分	标准值	得分比值	熵值计算	权　重	加权得分
员工平均受教育水平	0.39	0.375	1.04	−0.031 8	0.384 6	−0.012 2
科研人员比例	0.16	0.21	0.76	0.162 7	0.615 4	0.100 1
合　计					1	0.087 9

表 5.13　物流运输熵流值计算

子指标	指标得分	标准值	得分比值	熵值计算	权　重	加权得分
到货及时性	90.12	92.93	0.98	0.015 2	0.680 6	0.010 3
数量准确性	96.07	95.91	1.00	−0.001 3	0.201 4	−0.000 3
产品完好率	93.17	94.08	0.99	0.007 5	0.117 9	0.000 9
合　计					0.999 9	0.010 9

表 5.14　产品质量熵流值计算

子指标	指标得分	标准值	得分比值	熵值计算	权　重	加权得分
产品稳定性	95.32	94.37	1.01	−0.007 9	0.714 6	−0.005 6
产品新鲜度	94.29	94.48	1.00	0.001 5	0.206 4	0.000 3
产品质量投诉率	91.18	93.15	0.98	0.016 3	0.078 9	0.001 3
合　计					0.999 9	−0.004 0

表 5.15　新品研发熵流值计算

子指标	指标得分	标准值	得分比值	熵值计算	权　重	加权得分
新品整体设计	95.13	94.77	1.00	−0.003 0	0.333 3	−0.001 0
市场对新品的反映	95.87	95.54	1.00	−0.002 7	0.666 7	−0.001 8
合　计					1	−0.002 8

表 5.16　宏观环境熵流值计算

子指标	指标得分	标准值	得分比值	熵值计算	权　重	加权得分
政策的有利性	92.18	90.55	1.02	−0.014 2	0.5	−0.007 1
经济环境的支持力	81.15	79.82	1.02	−0.013 2	0.5	−0.006 6
合　计					1	−0.013 7

表 5.17　行业竞争度的熵流值计算

子指标	指标得分	标准值	得分比值	熵值计算	权　重	加权得分
竞争程度级别	60.00	60.00	1.00	0	1	0
合　计					1	0

表 5.18　外界认同度熵流值计算

子指标	指标得分	标准值	得分比值	熵值计算	权　重	加权得分
客户满意度	94.17	94.60	1.00	0.003 6	0.5	0.001 8
品牌知名度	92.19	92.45	1.00	0.002 2	0.5	0.001 1
合　计					1	0.002 9

通过对三元 14 个二级指标的计算，再构造出三级指标的水平矩阵 A_i，最后计算 3 个一级指标的熵值。将三元企业的成长能力熵流值定义为 A_1，成长潜力熵流值定义为 A_2，成长环境熵流值定义为 A_3。则 A_1 = （0.237 0，0.206 7，−1.400 6，

-4.0574，0.0118，-0.0011)，$A_2=(0.1336, 0.0879, 0.0109, -0.0040, -0.0028)$，$A_3=(-0.0137, 0, -0.0029)$。构造指标之间的相互作用力矩阵 B_i，需要考虑乳品行业的发展环境、企业的自身特点和国家政府的扶植政策等。首先构造一级指标成长能力的子指标，运用构造的二级指标的相互作用力矩阵计算出企业的一级指标的熵流值。计算企业总的熵流值还需要构造企业一级指标的相互作用力指标，这样就能算出乳品企业总的成长性的熵流值。构造指标的相互作用力矩阵是通过交互影响预测法，见表 5.19。

表 5.19　成长能力熵各子指标相互作用力评价表

子指标	盈利能力	营运能力	偿债能力	市场营销能力	技术创新能力	企业家能力
盈利能力	1	1.6	1.5	1.3	1.7	1.2
营运能力	1.5	1	1.5	1.4	1.5	1.2
偿债能力	1.5	1.4	1	1.5	1.4	1.3
市场营销能力	1.7	1.6	1.6	1	1.3	1.4
技术创新能力	1.6	1.4	1.4	1.5	1	1.1
企业家能力	1.6	1.5	1.4	1.5	1.6	1

所以，北京乳品企业的成长能力的子指标的相互作用力矩阵 B_1，

$$B_1=\begin{vmatrix} 1 & 1.6 & 1.5 & 1.3 & 1.7 & 1.2 \\ 1.5 & 1 & 1.5 & 1.4 & 1.5 & 1.2 \\ 1.5 & 1.4 & 1 & 1.5 & 1.4 & 1.3 \\ 1.7 & 1.6 & 1.6 & 1 & 1.3 & 1.4 \\ 1.6 & 1.4 & 1.4 & 1.5 & 1 & 1.1 \\ 1.6 & 1.5 & 1.4 & 1.5 & 1.6 & 1 \end{vmatrix}$$

成长能力熵流值的获得，还需要构造权重矩阵 C_1，

$$C_1=\begin{vmatrix}0.21\\0.18\\0.15\\0.16\\0.17\\0.13\end{vmatrix}$$

将三元乳品企业的成长能力熵流值定义为 D_{S1}，则 $D_{S1}=A_1\times B_1\times C_1=(0.2370,\ 0.2067,\ -1.4006,\ -4.0574,\ 0.0118,\ -0.0011)\times$

$$\begin{vmatrix}1 & 1.6 & 1.5 & 1.3 & 1.7 & 1.2\\1.5 & 1 & 1.5 & 1.4 & 1.5 & 1.2\\1.5 & 1.4 & 1 & 1.5 & 1.4 & 1.3\\1.7 & 1.6 & 1.6 & 1 & 1.3 & 1.4\\1.6 & 1.4 & 1.4 & 1.5 & 1 & 1.1\\1.6 & 1.5 & 1.4 & 1.5 & 1.6 & 1\end{vmatrix}\times\begin{vmatrix}0.21\\0.18\\0.15\\0.16\\0.17\\0.13\end{vmatrix}=7.1648$$

同理，计算三元乳品企业的成长潜力熵流值，先构造成长潜力熵子指标相互作用力矩阵，见表 5.20。

表 5.20　成长潜力熵各子指标的相互作用力矩阵

子指标	财务增长潜力	人力资源潜力	物流运输	产品质量	新品研发
财务增长潜力	1	1.3	1.5	1.6	1.7
人力资源潜力	1.2	1	1.4	1.5	1.6
物流运输	1.5	1.4	1	1.3	1.6
产品质量	1.5	1.6	1.5	1	1.5
新品研发	1.6	1.5	1.3	1.2	1

所以，北京乳品企业的成长潜力子指标的相互作用力矩

阵 B_2，

$$B_2=\begin{vmatrix} 1 & 1.3 & 1.5 & 1.6 & 1.7 \\ 1.2 & 1 & 1.4 & 1.5 & 1.6 \\ 1.5 & 1.4 & 1 & 1.3 & 1.6 \\ 1.5 & 1.6 & 1.5 & 1 & 1.5 \\ 1.6 & 1.5 & 1.3 & 1.2 & 1 \end{vmatrix}$$

成长潜力熵流值的获得，还需要构造权重矩阵 C_2，

$$C_1=\begin{vmatrix} 0.15 \\ 0.21 \\ 0.23 \\ 0.25 \\ 0.16 \end{vmatrix}$$

将三元乳品企业的成长潜力熵流值定义为 D_{S2}，则 $D_{S2}=A_2\times B_2\times C_2=(0.1336, 0.0879, 0.0109, -0.0040, -0.0028)\times$

$$\begin{vmatrix} 1 & 1.3 & 1.5 & 1.6 & 1.7 \\ 1.2 & 1 & 1.4 & 1.5 & 1.6 \\ 1.5 & 1.4 & 1 & 1.3 & 1.6 \\ 1.5 & 1.6 & 1.5 & 1 & 1.5 \\ 1.6 & 1.5 & 1.3 & 1.2 & 1 \end{vmatrix}\times\begin{vmatrix} 0.15 \\ 0.21 \\ 0.23 \\ 0.25 \\ 0.16 \end{vmatrix}=0.3156$$

同理，计算三元乳品企业的成长环境熵流值，先构造成长环境熵子指标相互作用力矩阵，见表 5.21。

表 5.21 成长环境熵各子指标相互作用力矩阵

子指标	宏观环境	行业竞争度	外界认同度
宏观环境	1	1.5	1.4
行业竞争度	1.3	1	1.3
外界认同度	1.5	1.4	1

所以，北京乳品企业的成长潜力子指标的相互作用力矩阵 B_3，

$$B_3=\begin{vmatrix} 1 & 1.5 & 1.4 \\ 1.3 & 1 & 1.3 \\ 1.5 & 1.4 & 1 \end{vmatrix}$$

成长环境熵流值的获得，还需要构造权重矩阵 C_3，

$$C_3=\begin{vmatrix} 0.35 \\ 0.31 \\ 0.34 \end{vmatrix}$$

将三元乳品企业的成长环境熵流值定义为 D_{S3}，则 $D_{S3}=A_3\times B_3\times C_3=$（$-0.013\,7$，0，$-0.002\,9$）$\times$

$$\begin{vmatrix} 1 & 1.5 & 1.4 \\ 1.3 & 1 & 1.3 \\ 1.5 & 1.4 & 1 \end{vmatrix}\times\begin{vmatrix} 0.35 \\ 0.31 \\ 0.34 \end{vmatrix}=-0.014\,0$$

通过上面的计算可以得到三元的成长能力熵、成长潜力熵以及成长环境熵，得到矩阵 $A=(D_{S1},\ D_{S2},\ D_{S3})=(-1.676\,7,\ 0.154\,5,\ -0.136\,3)$。为得到三元的总的成长熵流值，还需要构造一级指标的相互作用力矩阵 B 和权重矩阵 C（表 5.22）。

表 5.22　一级指标的相互作用力矩阵

子指标	成长能力熵	成长潜力熵	成长环境熵
成长能力熵	1	1.8	1.5
成长潜力熵	1.7	1	1.5
成长环境熵	1.6	1.8	1

企业成长的指标的相互作用力矩阵 B，

$$B=\begin{vmatrix} 1 & 1.8 & 1.5 \\ 1.7 & 1 & 1.5 \\ 1.6 & 1.8 & 1 \end{vmatrix}$$

权重矩阵 C，

$$C=\begin{vmatrix} 0.57 \\ 0.28 \\ 0.15 \end{vmatrix}$$

将三元乳品企业的总的成长熵流值定义为 D_S，则 $D_S = A \times B \times C =$（$-7.1648$，$0.3156$，$-0.0140$）$\times$

$$\begin{vmatrix} 1 & 1.8 & 1.5 \\ 1.7 & 1 & 1.5 \\ 1.6 & 1.8 & 1 \end{vmatrix} \times \begin{vmatrix} 0.57 \\ 0.28 \\ 0.15 \end{vmatrix} = -8.8638$$

（2）同理计算 4 家上市乳品企业和其他 5 家非上市的成长熵流值，见表 5.23、表 5.24。

表 5.23　4 家上市企业的熵值

子指标	三　元	蒙　牛	伊　利	光　明
盈利能力	0.237 0	−0.010 2	−0.887 9	0.083 8
营运能力	0.206 7	−0.522 8	−0.378 3	0.146 6
偿债能力	−1.400 6	−0.152 6	−0.282 5	−0.207 9
市场营销能力	−4.057 4	0.092 2	−0.070 9	0.086 6
技术创新能力	0.011 8	−0.013 1	0.154 3	−0.277 1
企业家能力	−0.001 1	−0.010 3	0.007 2	−0.006 4
财务增长潜力	0.133 6	0.184 4	−4.394 1	−3.349 4
人力资源潜力	0.087 9	−0.028 4	0.062 8	−0.128 9
物流运输	0.010 9	0.003 7	−0.006 2	−0.008 6
产品质量	−0.004 0	0.006 3	−0.008 3	0.005 8
新品研发	−0.002 8	−0.005 2	0.001 2	0.006 7
宏观环境	−0.013 7	0.000 4	0.001 3	0.011 7
行业竞争度	0	0	0	0
外界认同度	0.002 9	−0.006 3	−0.007 9	0.011 2
成长能力熵	−7.164 8	−0.829 6	−2.003 3	−0.227 8
成长潜力熵	0.315 6	0.234 4	−6.261 4	−4.990 8
成长环境熵	−0.014 0	−0.007 7	−0.008 6	0.029 6
企业总熵值	−8.863 8	−0.744 1	−11.845 1	−7.606 0

表 5.24　9 家企业的熵值

子指标	三　元	蒙　牛	伊　利	光　明	归　原	达　能	恒　兴	吉　康	和　润
盈利能力	0.225 5	−0.039 9	−1.116 0	0.006 7	0.164 6	0.222 1	0.209 7	0.094 9	−1.922 6
营运能力	0.161 9	−0.692 6	−0.956 5	0.107 2	0.256 6	0.110 8	−0.136 9	0.206 6	−0.413 3
偿债能力	0.059 5	0.126 8	−0.263 7	−0.139 2	0.004 3	0.244 9	−0.041 7	−0.113 7	−1.061 3
市场营销能力	−1.647 7	−0.615 7	−0.980 7	−0.331 5	0.166 6	−0.006 0	0.163 6	−0.032 8	0.216 7
技术创新能力	0.253 1	0.1[illegible]7 0	0.239 6	0.146 9	−4.636 6	0.130 5	0.281 5	−0.051 0	−0.542 4
企业家能力	−0.003 7	−0.002 5	0.004 5	−0.009 1	−0.014 2	−0.006 7	0.049 3	0.001 1	−0.022 2
财务增长潜力	0.137 7	0.188 6	−1.925 4	−1.490 7	−1.284 6	0.006 9	−0.201 4	−0.164 2	−0.640 7
人力资源潜力	0.013 7	0.060 0	0.053 3	0.010 5	−0.918 0	−2.538 5	−0.288 7	−0.136 8	−0.220 3
物流运输	0.015 0	0.009 4	−0.000 3	−0.002 7	−0.013 6	0.004 1	−0.014 6	0.004 8	−0.004 3
产品质量	−0.003 4	0.006 9	−0.007 8	0.006 3	−0.007 3	0.012 9	−0.001 9	−0.001 5	−0.004 9
新品研发	−0.018 6	−0.021 0	−0.014 3	−0.008 7	0.036 0	−0.003 5	0.019 4	0.008 8	−0.023 6
宏观环境	−0.070 5	−0.053 9	−0.054 1	−0.041 4	0.064 6	0.054 7	0.015 8	0.015 8	0.045 7
行业竞争度	0.000 0	0.000 0	0.000 0	0.000 0	0.000 0	0.000 0	0.000 0	0.000 0	0.000 0
外界认同度	−0.016 9	−0.026 5	−0.028 3	−0.007 9	0.038 6	0.059 0	−0.000 7	−0.010 3	−0.014 3
成长能力熵	−1.438 6	−1.623 4	−4.281 2	−0.330 2	−5.463 5	0.947 6	0.735 4	0.140 6	−5.104 8
成长潜力熵	0.207 5	0.346 6	−2.731 1	−2.138 8	−3.063 7	−3.380 3	−0.674 4	−0.404 4	−1.262 1
成长环境熵	−0.112 9	−0.104 0	−0.106 7	−0.063 7	0.133 5	0.147 2	0.019 5	0.007 0	0.040 4
企业总熵值	−1.739 7	−1.764 6	−9.754 1	−3.681 2	−11.403 9	−3.521 1	−0.008 3	−0.402 6	−8.428 1

5.3 模型的单一应用

5.3.1 熵流值分析的理论基础

将熵理论和耗散结构理论相结合，依据企业的总熵的正负判断企业的成长现状。当企业的总熵值大于0时，企业在熵理论的作用下自身产生的正熵值大于企业在耗散结构作用下从外部环境吸取的负熵值。企业的运营会出现紊乱无序的情况，企业的生产效率低下，成长性较差。当企业的总熵值小于0时，表示企业在耗散结构作用下从外界环境产生的负熵值大于企业在熵理论的作用下产生的正熵值，企业从外界环境吸取的负熵值可以抵消企业产生的正熵值。此时企业的战略、财务管理、内部管理制度等发展有序，企业的生产效率较高，企业处于健康的发展状态，有很好的成长性。当企业的总熵值等于0或者接近0时，企业在熵理论的作用下自身产生的正熵值基本上等于企业在耗散结构作用下从外部环境吸取的负熵值。表明企业的战略、财务管理、内部管理制度等作用已经发挥得淋漓尽致了，企业的管理效率将开始下将，生产效率降低，成长性开始下降。

5.3.2 企业成长熵总值分析

通过对企业熵流值的计算，得到了北京9家乳品企业成长熵值，将其排序（表5.25和图5.1）。依据企业的熵理论和成长熵的评价模型可知，企业的熵值越小，表明企业的成长性越好。通过成长熵的计算可知，9家乳品加工企业的成长熵值都是负值，表示这9个企业的成长性都较好。成长性排名第一的是归原，成长熵值为−11.403 9，有很好的成长性；伊利、和润排名紧跟其后，成长性较为近似；排在第四、第五的是光明和达能，成长性差别不大；排在第六、第七的是蒙牛和三元这2个上市企业，他们的成长性没什么差别；吉康和恒兴排在最后面，成长性总熵值分别为−0.402 6，−0.008 3，都比较接近于0，表示企业从外界环境吸取的负熵值正好可以抵消企业产生的正熵值，企业的管理效率将开始下将，需要进行改革，从外部环境及时地汲取更多的负熵，使企业能够更加健康有序。

表 5.25 9 家乳品企业成长性排序

项 目	三 元	蒙 牛	伊 利	光 明	归 原	达 能	恒 兴	吉 康	和 润
企业总熵值	−1.739 7	−1.764 6	−9.754 1	−3.681 2	−11.403 9	−3.521 1	−0.008 3	−0.402 6	−8.428 1
排 名	7	6	2	4	1	5	9	8	3

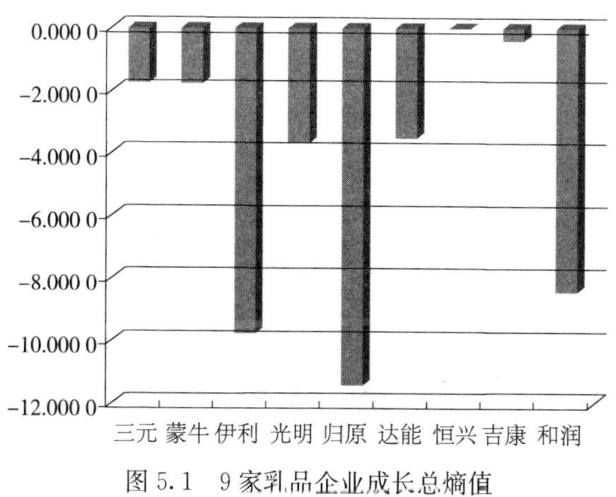

图 5.1 9 家乳品企业成长总熵值

5.3.3 企业成长能力熵值分析

通过对企业熵流值的计算，得到了北京 9 家乳品企业成长能力的熵值，将其排序。依据企业的熵理论和成长熵的评价模型可知，企业的熵值越小，表明企业的成长性越好。通过成长能力熵的计算可知，这 9 家企业的成长能力熵有正有负。有 6 家企业的成长能力熵是负值（图 5.2），表明归原、和润、伊利、蒙牛、三元、光明这 6 家乳品企业的成长能力比较好（表 5.26）。其中，归原成长能力排名第一，和润、伊利紧跟其后，说明这 3 个企业的盈利能力、技术创新能力、市场营销能力、偿债能力、企业家能力相对较强。蒙牛和三元的成长能力排在第四、第五，且成长能力相差很小。有 3 家乳品企业的成长能力熵是正值，说明吉康、恒兴、达能这 3 家企业的成长能力子系统处于无序的状态，需要企业进行变革，使企业产生的负熵足够抵消企业内部产生的正熵。在企业成长熵的评价模型中，成长能力熵所占的权重是最大的。因此，应该重视企业成长能力这个子系统（图 5.2）。

表 5.26　9 家乳品企业成长能力熵排名

项 目	三 元	蒙 牛	伊 利	光 明	归 原	达 能	恒 兴	吉 康	和 润
成长能力熵	−1.438 6	−1.626 4	−4.281 2	−0.330 2	−5.463 5	0.947 6	0.735 4	0.140 6	−5.104 8
排 名	5	4	3	6	1	9	8	7	2

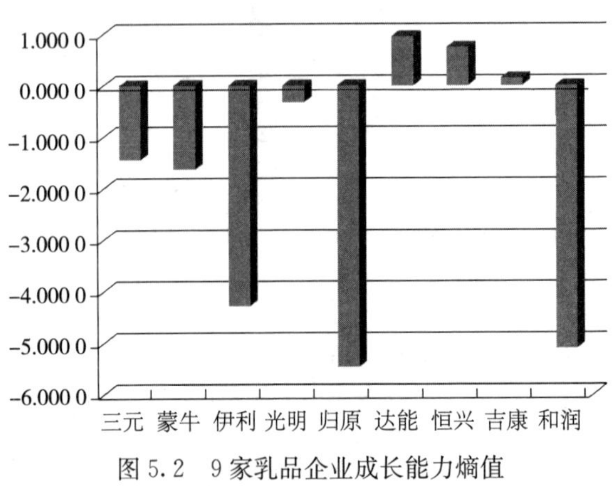

图 5.2　9 家乳品企业成长能力熵值

5.3.4　企业成长潜力熵值分析

通过对企业熵流值的计算，得到了北京 9 家乳品企业成长潜力的熵值，将其排序（表 5.27）。依据企业的熵理论和成长熵的评价模型可知，企业的熵值越小，表明企业的成长性越好。通过成长潜力熵的计算可知,这 9 家企业的成长能力熵有正有负(图 5.3)。除了三元和蒙牛,其他 7 家乳品企业的成长潜力熵均是负值,说明三元和蒙牛的成长潜力这个子系统出现了问题,需要企业及时进行改革。达能的成长潜力是最好的,排在第一位,其他 6 家乳品企业的成长潜力是负值,表明他们的成长潜力这个子系统的运行是有序的,从外界吸收的负熵足够用来消除系统内部自身的正熵。

表 5.27 9 家企业成长潜力熵排名

项目	三元	蒙牛	伊利	光明	归原	达能	恒兴	吉康	和润
成长潜力熵	0.207 5	0.346 6	−2.731 1	−2.138 8	−3.063 7	−3.380 3	−0.674 4	−0.404 4	−1.262 1
排名	8	9	3	4	2	1	6	7	5

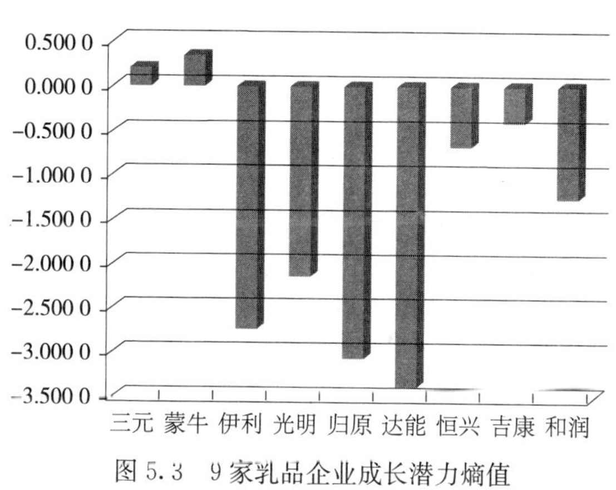

图 5.3 9 家乳品企业成长潜力熵值

5.3.5 企业成长环境熵值分析

通过对企业熵流值的计算，得到了北京 9 家乳品企业成长环境的熵值，将其排序（表 5.28）。依据企业的熵理论和成长熵的评价模型可知，企业的熵值越小，表明企业的成长性越好。通过成长环境熵的计算可知，这 9 家企业的成长环境熵有正有负（图 5.4）。三元、蒙牛、伊利、光明这 4 家上市乳品企业的成长环境熵值是负值，表明在北京这 4 家上市企业的发展还是受到了国家和地方政府的扶持，享受了一些更加优惠的政策。其他 5 家非上市乳品企业的成长环境熵值均为正值，说明这 5 家乳品企业的成长环境子系统紊乱，需要改革，企业从外界吸取的负熵不足以抵消企业自身系统产生的正熵。但是，企业的成长环境熵值差别在企业成长的总熵值中反应不是很大，因为成长环境熵所占的权重远不如企业成长能力熵和成长潜力熵所占的权重。因此，内因是企业成长的动力，企业的成长能力和成长潜力决定了企业成长性的大小；外因对企业的成长起着加速或延缓的作用。国家或者地方政府出台相关优惠政策，或者给予乳品企业资金的扶持，促进乳品企业更好更快地发展，当然，除了扶持上市的大型乳品企业，对一些小的、成长性较好的企业也应给予大力扶持。

表 5.28　9 家企业成长环境熵排名

项　目	三　元	蒙　牛	伊　利	光　明	归　原	达　能	恒　兴	吉　康	和　润
成长环境熵	−0.112 9	−0.104 0	−0.106 7	−0.063 7	0.133 5	0.147 2	0.019 5	0.007 0	0.040 4
排　名	1	3	2	4	8	9	6	5	7

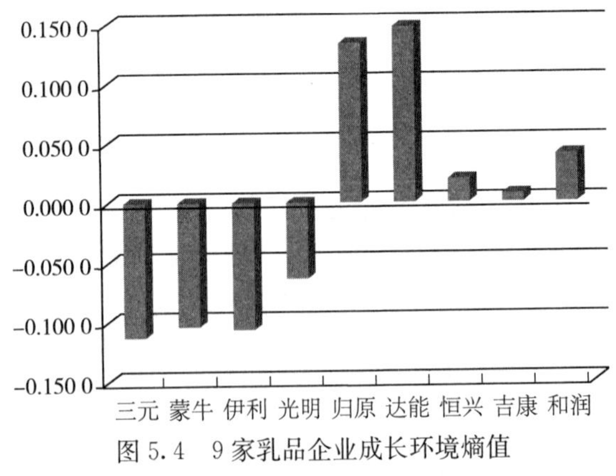

图 5.4　9 家乳品企业成长环境熵值

5.3.6 企业子系统熵值分析

(1) 9 家乳品企业的子系统熵值分布情况。根据专家意见和假设结果，可以做出以下的 4 个假设：

第一，当 $ds_i \leqslant -0.17$ 时，表明子系统的效率很好，子系统的运行是有效率的，能够保证从外界环境吸取的负熵能够抵消系统内部产生的正熵，保证系统健康有序地运行。

第二，当 $-0.17 < ds_i \leqslant 0$ 时，表明子系统的运行是有效率的，但是效率呈递减趋势，子系统从外界环境吸取的负熵恰好能抵消系统内部产生的正熵。企业应该关注该子系统，适时进行改革，使该子系统能够从外界汲取更多的负熵，形成有效的耗散结构。

第三，当 $0 < ds_i \leqslant 0.17$ 时，表明子系统的效率很低，基本上已经是负值了，子系统的运行是无效率的，子系统从外界环境吸取的负熵不能抵消系统内部产生的正熵。企业应该及时改革，使该子系统能够从外界汲取更多的负熵来抵消系统产生的正熵，保证子系统形成有效的耗散结构，使其健康有序的运行。

第四，当 $ds_i > 0.17$ 时，表明子系统运行没有效率，处在紊乱无序的运行状态，此时的子系统的无序运行会对企业整个的运行系统产生不利的影响。企业应该立即对子系统改革，尽量使子系统开放，保证子系统从外界汲取足够的负熵来抵消系统无序的状态。

通过计算分析，北京 9 家乳品企业的子系统的熵值分布情况如表 5.29 所示。

表 5.29 9 家乳品企业子系统的熵值分布情况

子指标	$ds_i \leqslant -0.17$	$-0.17 < ds_i \leqslant 0$	$0 < ds_i \leqslant 0.17$	$ds_i > 0.17$
盈利能力	2	1	3	3
营运能力	3	1	3	2
偿债能力	2	3	3	1

（续）

子指标	$ds_i \leqslant -0.17$	$-0.17 < ds_i \leqslant 0$	$0 < ds_i \leqslant 0.17$	$ds_i > 0.17$
市场营销能力	4	2	1	2
技术创新能力	2	1	3	3
企业家能力	0	6	3	0
财务增长潜力	5	1	2	1
人力资源潜力	4	1	4	0
物流运输	0	2	7	0
产品质量	0	2	7	0
新品研发	0	5	4	0
宏观环境	0	4	5	0
行业竞争度	0	10	0	0
外界认同度	0	6	3	0

从表 5.29 中可以看出，偿债能力、财务增长潜力、新品研发、企业家能力、人力资源潜力、市场营销能力、行业竞争度以及外界认同度这 8 个子系统较好，9 家乳品企业中，一半以上的子系统的熵值都是负的，表明有较好的运行效率。但是，企业家能力、新品研发、行业竞争度这 3 个子系统的熵值基本上分布在 $-0.17 < ds_i \leqslant 0$，表明企业的这 3 个子系统运行的效率不是很明显，还有待于改进，以促进企业更好地成长。

表现相对较好的是市场营销能力、财务增长潜力和人力资源潜力，说明乳品企业比较重视财务状况、人才和市场份额以及市场拓展的情况。表现较差的子系统有盈利能力、技术创新能力、物流运输和产品质量这 4 个子系统。9 家企业中，有 6 家企业的盈利能力子系统的值都大于 0，表明这 6 家企业的盈利能力子系统运行无序，需要改革。企业的最终目的是最大限度地获取利润，以满足经营者、债权人和投资者的利益需要，如果企业不盈利了，投资者、经营者就会考虑放弃该企业，那么企业也就面临着倒闭了。9 家企业中有 6 家企业的技术创新能力子系统大于 0，这 6 家企业的该子系统运行紊乱，应大量引进先进设备和人才，企业只有不断地创新，才能在市场上保有技术领先的优势，才能保证企业的竞争力，技术创新能够保证企业的不断成长。9 家企业中有 7 家企业的物流运输和产品质量的子系统熵值大于 0，这些企业在物流运输和产品质量环节存在严重问题，需要及时改进。乳品企业是特殊的行业，生产出的乳制品对运输中的温度和时间控制都有很严格的要求。所以，物流运输是乳品加工企业面临的严峻挑战之一。乳品质量一直是社会和广大消费者所关心的问题，乳品的质量也是乳品企业重要的命脉。2008 年的“三聚氰胺事件”以及之后出现的一系列乳品企业掺假行为。使得消费者对国产乳品信任度降低，有的甚至不信任，纷纷买进口牌子奶粉。在“三聚氰胺事件”中，光明乳业亏损 2.8 亿元，蒙牛受的影响最大，亏损了 9.486 亿元，其他企业也纷纷受到影响。因此，乳品企业应该严把质量关，重获消费者的信赖，保证乳品的市场地位。

（2）9 家乳品企业的子系统熵的平均值分布情况。通过计算分析，北京 9 家乳品企业子系统熵的平均值分布情况如表 5.30 所示。

表 5.30　9 家乳品企业子系统熵的平均值分布情况

子指标	平均熵值	排　名
盈利能力	−0.245 00	5
营运能力	−0.150 70	6
偿债能力	−0.131 56	7
市场营销能力	−0.340 86	4
技术创新能力	−0.451 28	2
企业家能力	−0.000 39	11
财务增长潜力	−0.597 09	1
人力资源潜力	−0.440 54	3
物流运输	−0.000 24	12
产品质量	−0.000 09	13
新品研发	−0.002 83	8
宏观环境	−0.002 59	9
行业竞争度	0.000 00	14
外界认同度	−0.000 82	10

通过计算分析可知，北京 9 家乳品企业的子系统的二级指标的熵值均为负值，表示这 9 家乳品企业的整体运营状况较好，系统的运行效率较好，企业有较好的成长性。排在前 4 位的子系统有财务增长潜力、技术创新潜力、人力资源潜力和市场营销能力。排在后面的有行业竞争度、产品质量、物流运输和企业家能力。这个排名体现了乳品企业重视财务的增长、企业的盈利和技术创新能力，能够保持较好的盈利性和引进先进的技术、人才。但是，乳品企业的产品质量和物流运输应及时改进，使企业的成长性更好、更稳定。当然，企业家的能力也是不容忽视的，应重视提高企业家的综合素养。

5.4 成长熵模型的综合应用

5.4.1 成长熵综合模型的构建

对北京乳品企业的成长性进行综合评价也就是构造综合成长能力熵和综合成长潜力熵的二维模型，本研究采用相加的方法得到综合成长能力熵和综合成长潜力熵。

乳品企业综合成长能力熵＝成长能力熵＋成长环境熵

乳品企业综合成长潜力熵＝成长潜力熵＋成长环境熵

通过计算北京 9 家乳品企业成长熵的得分情况以及专家的意见，将北京乳品企业的综合成长能力和综合成长潜力以 0 划分为界：

第一，当企业的综合成长能力小于 0 时，表示企业的综合成长能力强，在市场中占有一席之地，有较强的竞争优势，企业获得利润的能力较强，有好的发展能力。

第二，当企业的综合成长能力大于 0 时，表示企业的综合成长能力较差。由于企业的综合成长能力是由成长能力和成长环境共同构成，所以企业的成长能力差可能是企业自身的成长能力不强，如营运能力低、技术创新能力不强、市场营销能力差、盈利能力低等；还有可能是企业外部成长环境较差，国家、政府的资金扶持少，出台的政策不利于企业的发展。

第三，当企业的综合成长潜力小于0时，表示企业的综合成长潜力强，有较好的财务增长潜力，员工的平均受教育水平和科研人员比例高，新产品的整体设计能够满足市场和广大消费者的需求，企业有较好的成长潜力。

第四，当企业的综合成长潜力大于0时，表示企业的综合成长潜力较差。可能是企业自身的成长潜力不强，例如，企业的财务增长潜力不强，员工的平均受教育水平和科研人员比例低，研发新品的能力差等。也可能是企业外部成长环境较差，经济环境的支持力差，国家政府扶持力度小。企业的综合成长潜力会影响到企业未来的发展，应从内外因素出发，对不利因素改革，保证企业的成长性。

根据二维模型，可以将北京乳品企业的成长分成4类，如图5.5、图5.6所示。

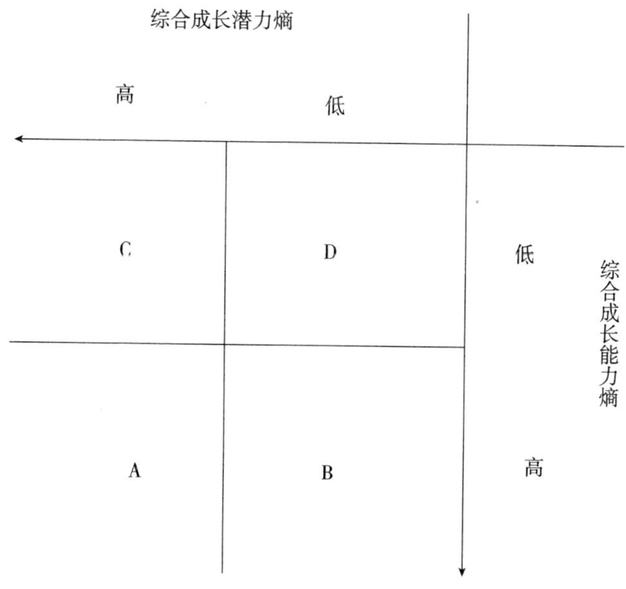

图5.5 北京乳品企业的成长类型

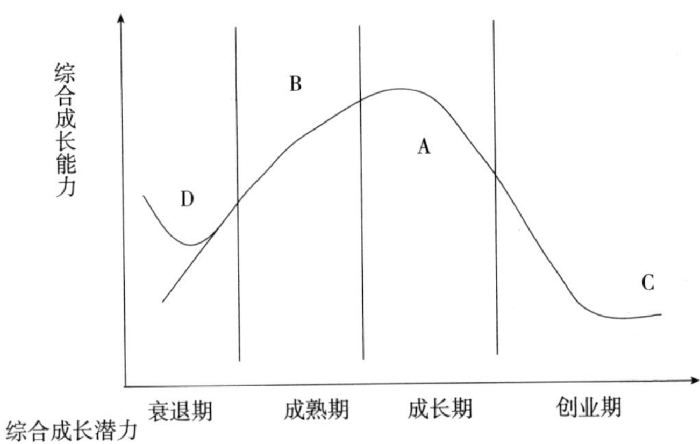

图 5.6　北京乳品企业的生命周期的企业成长性

A 区域的企业是生命周期的成长期，有非常强的成长潜力和成长能力，成长能力很好，属于强势企业。B 区域处在企业的成熟期，企业具有很高的成长能力，但是成长潜力很低，虽然具有较高的市场份额，但是获得利润的空间很小，发展前景不是很好，属于实力企业。C 区域的企业是生命周期的创业时段，有很强的成长潜力，但是成长能力低，属于潜力企业。D 区域的企业是企业生命周期的衰落期，成长潜力和成长能力都低，属于弱势企业。

5.4.2　成长熵综合模型的应用

根据对北京 9 家乳品企业成长熵计算的结果，得到 9 家乳品企业的综合成长能力熵和综合成长潜力熵的排名，如表 5.31 所示。

表 5.31　9 家乳品企业综合成长性分析

企　业	成长能力熵	成长潜力熵	成长环境熵	综合成长能力熵		综合成长潜力熵	
				数　值	排　名	数　值	排　名
三　元	−1.438 6	0.207 5	−0.112 9	−1.551 5	5	0.094 6	8
蒙　牛	−1.626 4	0.346 6	−0.104 0	−1.730 4	4	0.242 6	9
伊　利	−4.281 2	−2.731 1	−0.106 7	−4.387 9	3	−2.837 8	3

（续）

企业	成长能力熵	成长潜力熵	成长环境熵	综合成长能力熵		综合成长潜力熵	
				数值	排名	数值	排名
光明	−0.330 2	−2.138 8	−0.063 7	−0.393 9	6	−2.202 5	4
归原	−5.463 5	−3.063 7	0.133 5	−5.330 0	1	−2.930 2	2
达能	0.947 6	−3.380 3	0.147 2	1.094 8	9	−3.233 1	1
恒兴	0.735 4	−0.674 4	0.019 5	0.754 9	8	−0.654 9	6
吉康	0.140 6	−0.404 4	0.007 0	0.147 5	7	−0.397 4	7
和润	−5.104 8	−1.262 1	0.040 4	−5.064 3	2	−1.221 6	5

根据企业成长性周期理论，将北京9家乳品企业分类，并绘制散点图，如图5.7所示。

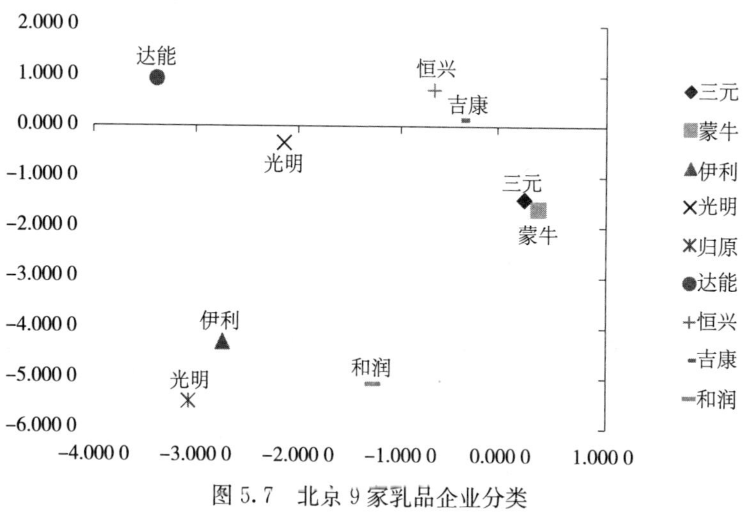

图5.7 北京9家乳品企业分类

从图5.7中分析可知，归原、伊利、光明、和润属于A类型的企业，处在生命周期的成长期，有非常强的成长潜力和成长能力，成长能力很好，属于强势企业。其中，伊利和光明属于上市企业，生产规模较大，技术设备较先进，财务增长能力强；和润和归原的规模虽然不大，但是生产的是高端乳制品，有自己的独特技术配方，生产效率高。

三元、蒙牛属于B类企业，是实力企业，处在企业的成熟期，企业具有很高的成长能力，但是成长潜力很低，虽然具有较高的市场份额，但是获得利润的空间很小，发展前景不是很好。三元、蒙牛是上市企业，享受了国家和地方政府的一些优惠政策，这2家企业还应该从自身出发，增强净利润增长率，提高技术创新能力等，从成长潜力因素出发，提高三元、蒙牛的成长潜力。

达能、吉康、恒兴属于C类企业，成长能力低，但是成长潜力好。达能在北京的市场份额还不算很高，有待于提高北京的市场份额。吉康是生产意大利奶酪，生产车间较小，不能满足市场需求，北京的奶酪市场也不是很好。所以，吉康生产的奶酪一般运往广州、上海等一些高档餐厅和大使馆，增加了运输成本。恒兴的场地规模不小，有自己的牧场，但是奶源很少。对于这类企业，国家或者政府应当给予直接或者间接的扶持，企业自身也应该根据实际情况改进。

5.5 小结

本章通过计算北京9家乳品企业的成长熵数据，从企业的成长总熵、成长能力熵、成长潜力熵和成长环境熵对模型进行单一的应用，分析了9家企业的基本情况。随后将成长环境熵融入成长能力熵和成长潜力熵中，构建了综合成长能力熵和综合成长潜力熵的综合评价模型，对北京9家乳品企业进行了综合的分析。

6 研究结论与政策建议

6.1 基本结论

6.1.1 市场份额高度集中，中小乳品企业夹缝中求生存

就全国而言，蒙牛和伊利的市场占有率是最大的，其次是三元、光明、达能，这些乳品企业都是全国的一线品牌。但是，就北京市场而言，三元的市场占有率是最高的，高达30%，其次是伊利、蒙牛和光明。达能虽然在全国的市场占有率排名第四，但是，在北京的市场仅为3%。在北京，4家上市企业就已经占到市场的80%，其余的20家小乳品加工企业总共占市场的20%。北京市场上已经形成三元、蒙牛、伊利、光明一统天下的局面，一些小的乳品企业受到奶源供应不足、生产规模小、四大乳品企业的冲击，生产经营非常困难，有的小企业已经濒临灭亡了，有的小企业凭借自己的特有产品，在夹缝中求生存。

6.1.2 产品单一，同质化现象严重

三元、蒙牛、伊利、光明这样的上市企业虽然规模较大，但是与国外的乳品企业相比，产品种类还是比较少，集中在生产液态乳，像奶油、干酪这样的乳制品生产较少。近几年北京一些小的乳品企业发展迅速，但与蒙牛、三元、伊利、光明相比，在品种、风味上差距比较大。像干酪这样的产品若在国外都被看做大宗产品，在国内基本上没有生产，虽然吉康公司是生产意大利奶酪的，但是产量和品种有限，尤其是高科技、深加工和高附加值的产品更少。所以，不能满足市场需求。三元的四厂主要生产液

态奶、奶粉，产品结构比较单一，而恒兴只用来生产酸奶，供内部员工使用，没有将产品结构优化。就北京产品市场而言，一些规模较小的乳制品加工企业受资金、规模、人才、技术的制约，产品的研发能力相对滞后，没有开发和推出具有地方特色和功能性的高附加值产品，缺乏市场细化，产品的同质化严重，没有形成有竞争力的优质产品。

6.1.3 创新能力不足，乳品加工设备落后，缺乏先进的物流系统

北京的三元、蒙牛、伊利和光明生产规模、机器设备、科研能力位居全国前列，但是与发达国家相比还是比较落后的，自主创新能力较弱，增长方式粗化，新品研发的速度跟不上市场不断变化的需求。除了这4家上市乳品企业，其他一些小的加工企业生产规模小、设备落后、科技创新能力差。北京的这些乳品企业由于奶源地和消费市场距离较近，所以，忽视了物流配送这个环节，国外的许多乳品企业都采用第三方物流或第四方物流以外包的形式进行。乳品企业把重点放在了奶源和加工环节，忽视了产品从企业到消费者手中这个物流运输的中间环节。从近来的乳品安全事件来看，问题就出在了物流环节。

6.1.4 奶源紧缺，原料奶、乳制品质量参差不齐，没有统一的质量监督体系

企业的奶源部分来源于奶牛养殖小区和农户散养，他们绝大多数采用分散养殖、集中挤奶或分散挤奶的方式，奶源质量得不到有效保障。个别奶农为追求利润，掺假兑水，而乳制品加工企业仅是对送来的原料奶进行快速抽检，这样一来，直接影响到乳品加工企业的产品质量，严重制约了其健康发展。另外，国家颁布的质量卫生标准大多是十几年前制定的，有些已经过时，且分别隶属于不同部门，涉及指标较少，检测方法也比较落后，不能实现生产加工全过程的监控。奶源监控力度不到位，导致了乳制品的质量参差不齐。目前，北京只有少数大中型的乳品企业建立

了企业专门的奶源基地，如北京三元的绿荷养殖中心。像恒兴和北京吉康食品有限公司这样的小加工企业的奶源来源于奶牛养殖小区和农户散养，他们绝大多数采用分散养殖、集中挤奶或分散挤奶的方式，奶源质量得不到有效保障。奶牛在饲养过程中成长卫生条件差，对奶牛的疫病控制方面经验较少，原奶细菌超标严重、杂质较多、抗生素含量过高等问题突出，甚至还有个别奶农为追求利润，掺假兑水，而奶站在收奶时只对蛋白质含量、水分、细菌数量的检测，加之乳制品加工企业仅是对送来的原料奶进行快速抽检，这样一来，直接影响到乳品加工企业的产品质量，严重制约了其健康发展。

6.1.5 乳品市场促销过度，竞争激烈

乳品市场竞争激烈，各个乳品企业纷纷打起了价格战。目前北京商场、超市、卖场的乳品销售是由各个乳品企业派销售人员进行促销。因此，在同一销售场所会出现不同品牌的乳品竞争。乳品企业也会对自己的销售人员进行业绩考核，销售人员通过免费品尝、捆绑销售、赠送礼品的方式促销来完成任务量以及拿到提成。这样，同一场所的不同品牌乳品都在参加促销，乳制品对促销的手段依赖度越来越高，原价的产品基本上无人问津。

6.1.6 政府对乳品企业的监管和扶持力度有待于加强

近几年，政府加大对乳品企业的扶持力度，加强对奶业发展的政策支持，使乳品企业更加健康、快速的发展。但是由于政府没有正确引导、监管，使个别企业为了降低生产成本，走上了粗放经营模式。所以，就出现了 2008 年的“三聚氰胺事件”以及之后出现的一系列乳品企业掺假行为。这一系列事件，使得消费者对国产乳品信任度降低，有的甚至不信任，纷纷购买进口奶粉。在“三聚氰胺事件”中，光明乳业亏损 2.8 亿元，蒙牛受的影响最大，亏损了 9.486 亿元。虽然三元、蒙牛、伊利、光明这 4 家乳品企业已经算是国内的龙头企业，但是其发展、产品结构、技术等方面仍远远低于国外企业，政府对乳品行业的财政、

税收、信贷等方面的支持力度不够，导致企业很难扩大规模，缺少资金引进先进技术。

6.2 促进北京乳品企业成长性的政策建议

6.2.1 中小企业引进先进独特技术，开发自己的特色产品

归原和和润这 2 个企业凭借自己特有的加工技术，生产出了独特的乳制品。和润的研发能力很强，用 2 年的时间研发出了日式酸奶，已经研发出了开菲尔酸奶，目前正在研发丹麦式酸奶，并从韩国、日本引进先进技术，该厂大约每年有 2 000 万元营业额，纯利润可达 10%。归原是全球首家有机饲料基地、有机鲜牛奶、有机牛奶加工生产线的全程有机认证的企业，填补了我国有机奶生产的空白。归原牌有机奶自 2006 年投放市场以来，深受广大消费者的青睐，由于产品产量有限，不能满足市场需求，目前主要供应北京市高端消费市场，包括美国、日本、韩国等 24 家驻华使馆。

6.2.2 调整产品结构，开发新品，提高其附加值

市场上的乳制品附加值不高，产品在包装、品种、口味等方面趋于同质化。因此，乳品企业应该加大科研投入，借鉴国内外乳品加工技术，开发具有功能性和区域特色的高附加值产品。大力发展液态奶的生产，提高乳制品的保质期和营养水平。在液态奶以外的乳制品中，应该研发出适合消费者口味的奶酪、干酪等非液态乳制品，提高营养价值，丰富产品的品种和口味，扩大消费群体。在借鉴国外先进技术的同时，要结合自己的独特技术，开发一些绿色、有机、天然纯正的乳制品，增加产品的营养和美容功效，提高乳制品的附加值。

6.2.3 加强创新能力，引进先进设备和技术，建立完善的物流系统

乳品企业的发展是不断创新的过程，企业要通过创新来满足消费者、市场不断变化的需求。借鉴国外发展较好的乳品企业的

经验，应该积极引进国外先进设备，提高生产效率，增加产品线，开发出具有自己品牌特色的产品，增加产品的附加值。乳品企业生产的乳制品的特殊性决定了物流运输的重要性。由于乳制品具有鲜活、保质期短的特性，对运输中的温度和时间控制都有很严格的要求。所以，物流运输是乳品加工企业面临的严峻挑战之一。乳品企业应该加大对物流运输的投入，建立完善有效的物流系统。

6.2.4 加强奶源监控，提高乳制品质量

目前，北京当地的原料奶数量和质量不能满足乳品加工企业的需要，奶源紧张。应在北京寻求一个适合养奶牛的地方，在此地建立奶牛饲养专业合作组织，利用养殖小区将分散的众多个体奶农集中起来，统一对奶牛进行防疫，发放统一饲料配方，进行统一挤奶，牛奶统一销售，以供应当地加工企业生产鲜奶的需要。这样，既可以保证奶农的利益，降低了经营的风险，又可以有效地控制奶源的数量和质量，保证当地乳品加工企业的产品质量。

当前，随着人们生活水平逐渐提高，乳制品的质量成为消费者首先关注的问题。企业需要不断完善、健全乳品质量标准体系和检验检测体系。因此，乳品企业必须大力推广乳制品在线检测技术，进一步规范认证体系。为了使质量管理体系在北京乳品加工企业中更好地落实，应大力组织员工进行培训，建立健全各项管理制度与职责，以确保产品质量，使之竞争不断增强。

6.2.5 政府规范市场，企业开拓营销渠道

乳品企业过度的促销，不但使市场的竞争环境恶化，还使企业的利润空间大幅度降低，侵蚀了企业的利益。政府应当出台相关政策，规范市场竞争环境，避免企业的不正当竞争。此外，各个乳品企业也应该寻求更多的、广泛的销售渠道。企业还可以建立自己的网上超市，这样可以节约乳制品的进场费。除了通过广告、媒体宣传自己的产品外，还应该针对儿童、青年、女性、老

人等不同消费群体推出自己的产品，加强自己的品牌建设，培养更多的消费群体。

6.2.6 政府加强监管和扶持，促进乳品企业健康成长

政府的积极引导和企业的广泛参与对乳品企业的发展至关重要。第一，政府应该为乳品加工企业提供相关的基础设施，这样才能降低企业成本，增加产品的市场竞争，加快企业成长。第二，加大对冷藏、保鲜、运输、包装等基础设施的投入度，避免出现“三聚氰胺事件”这类事件，使企业能够健康有序的发展。

附　录

附录一　北京市乳品加工企业简介

1.　北京健生饮料有限公司

公司名称	北京健生饮料有限公司	经营范围	乳制品［液体乳（发酵乳）］
总部地点	北京	公司性质	私营
成立时间	2005 年 8 月 3 日	员工数	18
公司地址	北京市朝阳区金盏乡黎各庄甲 18 号		
公司网址	http：//beijing0121493.11467.com		
公司简介	北京健生饮料有限公司，主要经营酸奶、雀巢饮料机及餐料产品等，公司注册资本为 425 万元；注册地址为北京市朝阳区金盏乡黎各庄村甲 18 号；注册时间：2005 年 8 月 3 日，员工人数未知。 “凝固型”酸牛乳是其在市场上销售的主要产品，奶源采用无抗鲜牛奶、蔗糖和乳酸菌发酵剂，经 72 小时充分发酵制作而成，在传统生产工艺的基础上科技创新，利用现代化设备，科学的管理生产制造出高质量的凝固型酸奶，健生酸奶不仅保存了牛奶中所有的营养成分，而且因经过发酵使营养素变得更容易被人体消化吸收，因此它在促进生长、改善营养方面的作用更为优越，是市场面上仅有的凝固型酸牛乳。现为北京各大体育运动基地运动员专供。		

2. 北京建勋食品有限公司

公司名称	北京建勋食品有限公司	经营范围	乳制品［液体乳（发酵乳）］
总部地点	北京	公司性质	私营
成立时间	2000年11月23日	员工数	10
公司地址	北京市丰台区南苑北马路6号		
公司网址	http：//bjfengtai06189.11467.com/		
公司简介	北京建勋食品有限公司于2000年11月23日在北京市丰台区南苑北马路6号注册成立，公司主要经营加工乳食品、副食品；销售消毒奶、酸奶，注册员工人数为10人，注册资本50万元。 公司尊崇“踏实、拼搏、责任”的企业精神，并以诚信、共赢、开创为经营理念，创造良好的企业环境，以全新的管理模式、完善的技术、周到的服务、卓越的品质为生存根本。		

3. 北京圣祥乳制品厂

公司名称	北京圣祥乳制品厂	经营范围	乳制品［液体乳（发酵乳）］
总部地点	北京	公司性质	私营
成立时间	2000年7月11日	员工数	10
公司地址	北京市丰台区永和庄30号		

（续）

公司网址	http：//bjfengtai05638.11467.com
公司简介	北京圣祥乳制品厂于2000年7月11日在北京市丰台区永和庄30号注册成立，主要经营生产销售酸奶，注册员工人数为10人，注册资本3万元。 作为经营酸牛奶、消毒牛奶的企业，北京圣祥乳制品厂始终坚持诚信和让利于客户。

4. 北京龙泉乳品公司

公司名称	北京龙泉乳品公司	经营范围	乳制品［液体乳（发酵乳）］
总部地点	北京	公司性质	私营
成立时间	1976年	员工数	50
公司地址	北京市门头沟区三家店南宫甲1号		
公司网址	http：//10221717.czvv.com/		
公司简介	北京龙泉乳品公司主要经营纯牛奶、酸牛奶、奶制品加工等。公司秉承“顾客至上，锐意进取”的经营理念，坚持“客户第一”的原则，公司地处门头沟区三家店南宫甲1号，总占地面积6 700米^2，紧邻109国道。公司始建于1976年，主导产品为纯牛奶、袋装酸奶、杯装酸奶、可可奶及乳酸菌饮料等奶制品。从2001年6月与光明乳业签订加工合同，每天加工光明牌奶制品40吨左右。		

（续）

公司简介	北京龙泉乳品公司属门头沟区农业加工龙头企业，生产设备先进，并于2004年经过食品市场准入QS认证合格体系。 公司设有化验室、采购部、生产车间、销售部。公司给生产车间规定了产品分类、技术要求、实验方法和标签、包装、运输、贮藏的要求。纯牛奶是以鲜牛乳为原料，必须是优质，色泽呈均匀一致的乳白色或微黄色，滋味和气味具有牛乳固有的滋味和气味，无异味。组织状态均匀的液体，无沉淀，无凝块，无黏稠现象，是经巴氏杀菌制成的液体奶。酸牛奶是以优质无抗鲜牛奶为主原料，添加白砂糖，使用保加利亚乳杆菌、嗜热链球菌的菌种，以具有老传统瓷瓶的方法结合新工艺、新包装经发酵制成的凝固型酸牛奶。

5. 奥德华乳品（北京）有限公司

公司名称	奥德华乳品（北京）有限公司	经营范围	乳制品［液体乳（发酵乳巴氏杀菌乳、发酵乳）、其他乳制品（奶油）］
总部地点	北京	公司性质	私营
成立时间	2009年5月22日	员工数	30
公司地址	北京市房山区长沟镇新世纪工业园中轴路8号		
公司网址	http：//803679719. shop. fengj. com/introduce. html		

（续）

公司简介	奥德华乳品（北京）有限公司，主要经营生产各种高级果品酸奶、奶油、黄油、脱脂牛奶、汽奶、冰淇淋及乳制品、面包、西点、矿泉水、饮料、果汁、果酱，销售自产产品及自产产品的冷运输等，公司前身于1994年10月7日在北京房山工商局登记注册，公司注册资本60万元，办公地址位于北京市房山区长沟镇新世纪工业园中轴路8号，在职员工30名。 公司现有直接引进的国际同行业全套封闭式乳品生产线，日产100吨各类乳品，使用的是风味独特的奥地利配方，拥有从奥地利引进的先进生产工艺，在以上三大优势基础上，公司生产具有维也纳风味的“维奥”牌酸奶、巴氏菌奶、果酱等乳制品。

6. 北京科尔沁乳业有限公司

公司名称	北京科尔沁乳业有限公司	经营范围	乳制品［液体乳（发酵乳、灭菌乳）］
总部地点	北京	公司性质	私营
成立时间	1998年8月27日	员工数	35
公司地址	北京市门头沟区润峰经济技术开发园		
公司网址	http：//www.11467.com/bjmentougou/co/2670.htm		

（续）

公司简介	北京科尔沁乳业有限公司，主要经营乳制品加工，于1998年8月27日在北京门头沟工商局登记注册，公司注册资本2 800万元，公司地址位于北京市门头沟区润峰经济技术开发园，在职员工35名。 公司生产的酸奶产品，已通过QS质量认证和ISO9001质量管理体系认证，拥有先进的生产设备和技术力量，本公司开创大包装酸奶之先河，立足专业做好酸奶。

7. 北京鑫华星乳业有限责任公司

公司名称	北京鑫华星乳业有限责任公司	经营范围	乳制品［液体乳（发酵乳）］
总部地点	北京	公司性质	私营
成立时间	2003年7月28日	员工数	11
公司地址	北京市通州区马驹桥镇姚村北		
公司网址	http：//bjtongzhou048031.11467.com/		
公司简介	北京鑫华星乳业有限责任公司于2003年7月28日在北京市通州区马驹桥镇姚村北注册成立。公司主要经营加工、销售乳制品、肠衣，销售冷饮，注册员工人数为11人，注册资本2 000万元。 公司尊崇踏实、拼搏、责任的企业精神，并以诚信、共赢、开创为经营理念，创造良好的企业		

（续）

公司简介	环境，以全新的管理模式、完善的技术、周到的服务、卓越的品质为生存根本，始终坚持用户至上，用心服务客户。

8.　北京三元食品股份有限公司乳品八厂

公司名称	北京三元食品股份有限公司乳品八厂	经营范围	乳制品［液体乳（巴氏杀菌乳、调制乳、发酵乳）］
总部地点	北京	公司性质	上市公司
成立时间	2002年2月7日	员工数	11
公司地址	北京市通州区永乐店镇柴厂屯村		
公司网址	http：//company. ch. gongchang. com/info/55992950 _ e689/		
公司简介	三元乳品八厂是北京三元食品股份有限公司下属生产厂，是生产与销售一体的生产加工单位，主要生产巴氏杀菌乳等液态乳，公司注册地址为北京市通州区永乐店镇柴厂屯村，员工人数为11人，公司始终坚持诚信经营和让利于客户。		

9.　蒙牛乳业（北京）有限责任公司

公司名称	蒙牛乳业（北京）有限责任公司	经营范围	奶粉生产企业

（续）

总部地点	北京	公司性质	上市公司
成立时间	2002 年	员工数	1 300 余人
公司地址	北京市通州区食品工业园区一区 1 号		
公司网址	http：//www. sanyuan. com. cn		
公司简介	蒙牛乳业（北京）有限责任公司是内蒙古蒙牛乳业股份集团公司下属的一家大型分公司，地址位于通州区潞城镇小甘棠村，2002 年 10 月开始破土动工，2003 年 6 月投入生产。总占地面积 550 亩，建筑面积 29 500 米^2，一期投资 3.2 亿元，是蒙牛集团在北京地区最大、最先进的生产基地。公司具有独立的法人资格。 蒙牛乳业（北京）有限责任公司以生产发酵乳酸产品为主，在酸奶领域内是单班产品品种最多、单日生产能力最高、工艺最先进、前处理理化程度最高、国际领先且提供厂家最多企业之一。公司现拥有酸奶生产线 13 条、鲜奶生产线 17 条，日处理牛奶 550 余吨，拥有员工 1 300 余人。公司以生产酸奶及鲜奶产品为主，酸奶产品包括杯酸、闲情、屋顶包、复合果粒等 13 个系列 39 个品种、100 多种规格，鲜奶产品包括蒙牛包、蒙牛枕、蒙牛钻 3 个品种。2004 年全年公司实现产量 13.3 万吨，产值达 7.5 亿元，实现利润 1 900 余万元，全年上缴税收 880 余万元。2005 年公司计划实现产量 15.5 万吨，实现产值 10 亿元。2005 年 1～2 月实现产量 2.9 万吨，产值达 1 400 多万元，实现利润 198 万元，		

（续）

公司简介	同比增长48%。蒙牛集团与全球顶级的乳品工业用菌种和酶供应商——丹麦科汉森（C和润HANSEN）有限公司结成战略联盟伙伴关系，使得蒙牛乳业酸奶产品率先全线升级，取得了生产经营开门红。

10. 北京艾莱发喜食品有限公司

公司名称	北京艾莱发喜食品有限公司	经营范围	乳制品［液体乳（灭菌乳）其他乳制品（奶油）］
总部地点	北京	公司性质	中外合资企业
成立时间	1990年8月7日	员工数	500
公司地址	北京市顺义区金马工业区		
公司网址	http：//www.baxi.com.cn/		
公司简介	北京艾莱发喜食品有限公司是北京首农集团旗下子公司，公司成立于1990年8月7日。成立之初，公司就将源于美国旧金山的‘BUD’S品牌（中文商标为八喜）冰淇淋技术和配方引进到中国，开创了国内生产“真正不加水冰淇淋”的先河，结束了中国只能靠进口纯正新鲜奶油高档冰淇淋的局面，全面开始了秉承“健康、安全、高品质”为质量方针的新鲜牛奶冰淇淋生产的历		

（续）

公司简介	史。2011年销售收入4亿元，利润总额2 000万元。职工人数500人。 公司性质为中外合资企业，投资12 000万元，占地面积65亩，注册资本636.33万美元，主要产品为“八喜”牌冰淇淋及其系列产品，在全国属中高档产品，市场占有率较高，另外，整个华北地区所有肯德基快餐店所用奶昔均由该企业提供。该公司的不断发展壮大对促进京郊畜牧业的发展、增加农民收入起到了一定的推动作用。 北京艾莱发喜食品有限公司十几年来始终致力于新鲜奶油冰淇淋的生产，完全保持了产品的纯鲜口味和高级品质。产品口感细腻、口味纯正、品种繁多，且富含多种有益健康的营养元素，为国内首例获“绿色食品”标志的冰淇淋。 1994年，引进丹麦“海耶”成套生产设备，建成国内第一条专业化冰淇淋生产线，成为冰淇淋行业最先进生产技术的代表。 2006年5月，北京艾莱发喜食品有限公司通过了素有企业“绿色壁垒通行证”之称的ISO14001环境管理体系的认证。截至2006年5月，公司通过了国际食品行业中通行的HACCP质量管理体系认证，成为一家实现食品安全有效监控的企业。公司全面通过了绿色食品认证，ISO9001、ISO14001、HACCP EC－01国际体系认证。

11. 北京军顺乳业有限公司

公司名称	北京军顺乳业有限公司	经营范围	乳制品［液体乳（巴氏杀菌乳、发酵乳）］
总部地点	北京	公司性质	私营
成立时间	2008年10月20日	员工数	120
公司地址	北京市顺义区赵全营镇前桑园村园西路119号		
公司网址	http：//23a37035.atobo.com.cn/		
公司简介	北京军顺乳业有限公司注册地址为北京市顺义区赵全营镇前桑园村园西路119号，注册资金200万元，尊崇踏实、拼搏、责任的企业精神，并以诚信、共赢、开创为经营理念，创造良好的办公环境，以全新的管理模式、完善的技术、周到的服务、卓越的品质为生存根本，始终坚持用户至上，用心服务于客户，坚持用自己的服务去打动客户。		

12. 北京超凡食品有限公司

公司名称	北京超凡食品有限公司	经营范围	乳制品［液体乳（发酵乳）、其他乳制品（干酪、奶油）］
总部地点	北京	公司性质	私营
成立时间	1998年	员工数	50

（续）

公司地址	北京市顺义区高丽营镇金马工业区北路96号
公司网址	http：//beijingchaofanfood.cn.gongchang.com/
公司简介	北京超凡食品有限公司公司成立于1998年，位于北京市昌平区，现有员工50人，注册资本108万元。 超凡食品有限公司是一家以生产加工、产品销售于一体的股份制企业，依托便利的奶源优势，加工干酪、奶油等各类乳制品。自公司成立以来，努力扩大生产规模，更新、改造生产设备，较好地提高了生产加工能力，降低了能源消耗，加强内部管理，注重科技投入，使企业逐步走上了振兴发展之路，经过多年的发展，不断壮大。

13. 北京光明健能乳业有限公司

公司名称	北京光明健能乳业有限公司	**经营范围**	乳制品［液体乳（巴氏杀菌乳、发酵乳、灭菌乳）］
总部地点	北京	**公司性质**	上市公司
成立时间	2002年12月28日	**员工数**	280
公司地址	北京市顺义区林和工业开发区		
公司网址	http：//www.99606.71ab.com/		

（续）

公司简介	北京光明健能乳业有限公司位于北京市顺义区林和工业开发区内，占地60亩，总资产3.16亿元。2011年销售收入1.90亿元，拥有标准化厂房14 518米²。2002年12月28日正式生产，拥有生产线11条，日常能力达到200吨。产品主要覆盖华北、东北、西北地区，是光明乳业股份有限公司在北京的窗口企业，现有员工280名，其中管理人员40名。工厂于2004年1月通过QS审核，成为北京市首家通过QS审核的乳品企业，同年5月分别通过ISO9000和HCCP体系认证；2010年11月通过乳制品HACCP认证及ISO9001：2008审核。目前，工厂管理体系运行良好，工厂在管理工作中不断摸索验证，现已经形成一套适合企业发展的管理模式。 公司主要经营产品为畅优发酵乳、儿童健能发酵乳、优倍鲜牛奶等。 公司坚持以人为本，以诚信求客户，以质量求生存，努力做到客户第一、市场第一、质量第一。公司秉承“以人为本、和而不同”的企业发展理念，倾力打造一个融合、友爱、进取的发展环境，夯实公司跨越式发展的基础。

14.　北京富邦食品厂

公司名称	北京富邦食品厂	经营范围	乳制品 ［液体乳(发酵乳)］

（续）

总部地点	北京	公司性质	私营
成立时间	1999年2月13日	员工数	15
公司地址	北京市昌平县霍营乡东侧		
公司网址	http：//bjchangping01432.11467.com/		
公司简介	北京富邦食品厂于1999年2月13日在北京市昌平县霍营乡东侧注册成立，主要经营加工食品，乳制品，糕点，面包，注册员工人数为15人，注册资本9万元。 公司尊崇踏实、拼搏、责任的企业精神，并以诚信、共赢、开创为经营理念，创造良好的企业环境，以全新的管理模式、完善的技术、周到的服务、卓越的品质为生存根本，始终坚持用户至上，用心服务于客户，坚持用自己的服务去打动客户。		

15. 北京吉康食品有限公司

公司名称	北京吉康食品有限公司	经营范围	乳制品［其他乳制品（干酪）］
总部地点	北京	公司性质	中意合资企业
成立时间	2005年	员工数	50
公司地址	北京市昌平区崔村镇西辛峰工业区8区6号		
公司网址	http：//bjjikang.cn.gtobal.com/		

（续）

公司简介	北京吉康食品有限公司成立于2005年，是一家中意合资企业，其前身是成立于1995年的北京吉雅食品有限公司。从1995年的吉雅到2005年的吉康，公司始终致力于意式奶酪的生产与推广，注册地址为北京市昌平区崔村镇西辛峰工业区8区6号，注册资金15万美元。 公司从意大利引进成套生产设备，由意大利技师负责生产工艺，主要生产用于制作沙拉和比萨的新鲜马苏里拉（Fresh mozzarella），目前大多数五星级饭店都选用本公司的新鲜马苏里拉奶酪。公司还生产鲜奶酪（Ricotta）、马斯卡布（Mascarpone）、卡秋塔（Caciotta）、阿西阿高（Asiago）、蓝纹（Gorgonzola）、风塔尼（Fontalcina）、葫芦（Provola）、小白羊（Caprino）、青山（Appennino）、绵羊（Pecorino）、达丽球（Taleggio）等意式奶酪。 公司重视产品质量，于2006年通过国家质量安全认证，并正在申办ISO认证。在区质检所对三聚氰胺的数次检查中，没有一例不合格产品，且公司现在每周3次送检区质检所。公司重视产品品质，选用优质奶源，严格控制各个环节。 北京吉康食品有限公司以产品质量为生命线，不断提高产品品质和完善售后服务，以打造一流的奶酪企业为目标，不断提高品牌的知名度和竞争力。

16. 中机阳春白雪（北京）食品有限公司

公司名称	中机阳春白雪(北京)食品有限公司	经营范围	乳制品 [液体乳(发酵乳)]
总部地点	北京	公司性质	私营
成立时间	1996 年 8 月 20 日	员工数	12
公司地址	北京市昌平县沙河镇农机试验站		
公司网址	http：//bjchangping045615.11467.com		
公司简介	中机阳春白雪于 1996 年 8 月 20 日在北京市昌平县沙河镇农机试验站注册成立，主要经营制造乳制品、豆制品、销售食品、饮料、日用百货、机械电子设备，注册员工人数为 12 人，注册资本 30 万元。 公司尊崇踏实、拼搏、责任的企业精神，并以诚信、共赢、开创为经营理念，创造良好的企业环境。以全新的管理模式、完善的技术、周到的服务、卓越的品质为生存根本，始终坚持用户至上，用心服务于客户，坚持用自己的服务去打动客户。		

17. 北京三元食品股份有限公司乳品四厂

公司名称	北京三元食品股份有限公司乳品四厂	经营范围	乳制品［乳粉(全脂乳粉、脱脂乳粉、调制乳粉)、其他乳制品(奶油、干酪)］

（续）

总部地点	北京	公司性质	上市公司
成立时间	1997年7月22日	员工数	245
公司地址	北京市昌平县南口镇南阳公路东侧		
公司网址	http：//bjchangping044698.11467.com		
公司简介	北京三元食品股份有限公司乳品四厂于1997年7月22日在北京市昌平县南口镇南阳公路东侧注册成立，公司主要经营加工乳品、饮料、食品和相关原材料，销售自产产品，注册员工人数为245人，注册资本不详。 公司尊崇“踏实、拼搏、责任”的企业精神，并以诚信、共赢、开创为经营理念，创造良好的企业环境，以全新的管理模式、完善的技术、周到的服务、卓越的品质为生存根本，始终坚持用户至上，用心服务于客户，坚持用自己的服务去打动客户。		

18.　北京和润乳制品厂

公司名称	北京和润乳制品厂	经营范围	乳制品［液体乳（巴氏杀菌乳、发酵乳）、其他乳制品（奶油、干酪）］
总部地点	北京	公司性质	私营
成立时间	2000年10月16日	员工数	11
公司地址	北京市大兴区瀛海镇西一村村委会西20米		

（续）

公司网址	http：//bjdaxing02813.11467.com
公司简介	北京和润乳制品厂于2000年10月16日在北京市大兴区瀛海镇注册成立，主要经营酸奶，注册员工人数为11人，注册资本不详。 公司尊崇踏实、拼搏、责任的企业精神，并以诚信、共赢、开创为经营理念，创造良好的企业环境，以全新的管理模式、完善的技术、周到的服务、卓越的品质为生存根本，始终坚持用户至上，用心服务于客户，坚持用自己的服务去打动客户。

19. 北京三元食品股份有限公司

公司名称	北京三元食品股份有限公司	经营范围	奶粉生产企业
总部地点	北京	公司性质	上市公司
成立时间	1997年	员工数	5 000余人
公司地址	北京市大兴区瀛海镇瀛昌街8号		
公司网址	http：//www.sanyuan.com.cn		
公司简介	北京三元食品股份有限公司（以下简称“三元食品”）是以奶业为主，兼营麦当劳快餐的中外合资股份制企业，其前身是成立于1956年的北京市牛奶总站，1968年更名为北京市牛奶公司，1997年成立北京三元食品有限公司，2001年公司改制成为北京三元食品股份有限公司。		

（续）

公司简介	三元食品产品涵盖屋型包装鲜奶系列、超高温灭菌奶系列、酸奶系列、袋装鲜奶系列、奶粉系列、干酪系列及各种乳饮料、冷食、宫廷乳制品等百余品种，日处理鲜奶达 1 000 余吨，在内蒙古海拉尔市、河北迁安、河北石家庄、天津静海、广西柳州等建立了 16 大生产基地，拥有三元、燕山等著名商标；销售网络覆盖北京各城区、郊县及全国 50 多个省、市及地区。 三元食品于 2000 年 3 月通过 ISO9001 国际质量体系认证；2004 年 7 月，公司成为国家质量监督检验检疫总局通过市场准入，获得“QS”标志的乳品企业；2007 年 1 月，公司通过了 ISO9000、ISO14000、ISO22000、OHSAS18000 四大管理体系的审核，成为通过四合一管理体系整合的食品企业。2009 年，公司获得“中国驰名商标”称号。2012 年，三元食品被国家质量监督检验检疫总局授牌，成为中小学质量教育社会实践基地。同年，被工业和信息化部、财政部评为国家技术创新示范企业，同时被国家发展和改革委员会、科技部、财政部、海关总署、国家税务总局评为国家认定企业技术中心。 几十年来，三元食品一直作为历届人大、政协两会等中央及北京市重大政治活动、经济文化大型活动的乳品供应商。

20. 北京乳旺食品有限公司

公司名称	北京乳旺 食品有限公司	经营范围	乳制品 ［液体乳(调制乳)］
总部地点	北京	公司性质	私营
成立时间	2005 年 7 月 18 日	员工数	142
公司地址	北京市平谷区北京兴谷工业开发区 8 号区		
公司网址	http：//wenghai0405. 58food. com/job		
公司简介	北京乳旺食品有限公司于 2005 年 7 月 18 日在北京市平谷区北京兴谷工业开发区 8 号区注册成立，注册资本 2 510 万美元，主要经营各类乳制品及雪饼系列。 公司的宗旨是坚持诚信原则及专业，以达到市场客户要求。公司以职业精神和不断创新的产品，致力于为客户提供全面、满意的服务，依托强大的研究力量，为客户创造最大价值。恪守职业道德，优质高效地为客户提供服务，确保客户的满意，增强市场的竞争实力。		

21. 北京鸿达乳品有限公司

公司名称	北京鸿达 乳品有限公司	经营范围	乳制品［液体乳(发酵乳)、其他乳制品（奶油、干酪)］

（续）

总部地点	北京	公司性质	私营
成立时间	1998年6月3日	员工数	60
公司地址	北京市怀柔区桥梓镇西茶坞村北		
公司网址	http：//bjhuairou0420.11467.com		
公司简介	北京鸿达乳品有限公司于1998年6月3日在北京市怀柔区桥梓镇西茶坞村北注册成立，公司主要经营生产加工乳制品、小食品、糖果、糕点、罐头，注册员工人数为60人，注册资本50万元。		

22. 北京归原生态农业发展有限公司

公司名称	北京归原生态农业发展有限公司	经营范围	乳制品［液体乳（巴氏杀菌乳、发酵乳）］
总部地点	北京	公司性质	私营
成立时间	1998年	员工数	360
公司地址	北京市延庆县康庄镇大营村南500米		
公司网址	http：//www.greenyard.cn/		
公司简介	北京归原生态农业发展有限公司始建于1998年，位于北京生态环境最好的地区延庆县。公司总资产6 000万元，占地2 240亩，其中：饲料地2 100亩，绿化用地30亩，奶牛养殖小区占地80亩，其他30亩，总建筑面积2.6万米^2，公司外饲料用地25 000亩，现奶牛存栏量为680		

（续）

公司简介	头，年产有机鲜奶3 000吨。 公司秉承人与自然和谐发展的理念，在奶牛养殖与乳品加工以及其他农产品种植过程中摒弃一切化学物质的介入，将农业生产回归到自然生态的本源，有机牛奶正是这种理念的代表产品。 归原奶牛的养殖基地位于延庆西部的康西草原，毗邻官厅水库，这里空气清新、植被茂密、气候凉爽，是世界养牛带的主要区域。延庆县是国家级生态示范区、北京生态涵养发展区，发展有机食品具有得天独厚的自然条件。 北京归原生态农业发展有限公司与中国农业大学合作，于2004年9月开展有机奶生产体系的规划建设。在中国农业大学李胜利教授领导的科研项目组以及国际合作机构的大力支持下，通过将近2年的有机转换过程，最终于2006年7月4日获得国家有机认证机构对饲料基地、有机原料奶、有机奶牛养殖、有机牛奶生产流程的各项认证。归原有机牛奶成为中国第一个有机牛奶，也是目前北京地区唯一的有机鲜牛奶。

23. 内蒙古伊利实业集团股份有限公司北京乳品厂

公司名称	内蒙古伊利实业集团股份有限公司北京乳品厂	经营范围	乳制品［液体乳（发酵乳、巴氏杀菌乳）、乳粉（全脂乳粉）、其他乳制品（干酪）］

（续）

<table>
<tr><td>总部地点</td><td>北京</td><td>公司性质</td><td>私营</td></tr>
<tr><td>成立时间</td><td>2000 年 12 月 6 日</td><td>员工数</td><td>100</td></tr>
<tr><td>公司地址</td><td colspan="3">北京市密云县工业开发区锦程路 7 号</td></tr>
<tr><td>公司网址</td><td colspan="3">http：//bjmiyun0662.11467.com</td></tr>
<tr><td>公司简介</td><td colspan="3">内蒙古伊利实业集团股份有限公司北京乳品厂于 2000 年 12 月 6 日在北京市密云县工业开发区锦程路 7 号注册成立，公司主要经营制造销售消毒奶酸奶，注册员工人数为 100 人。
伊利北京乳品厂是伊利酸奶事业部的第一个工厂，2000 年 9 月伊利集团北京乳品厂破土动工，2001 年 9 月 16 日正式落成剪彩，全厂占地面积 70 亩，日处理鲜奶 300 吨，2012 年产值实现 7.8 亿元。
公司以生产清真特色的伊利牌酸奶、乳饮料为主，主要生产设备全部从国外引进，实验室拥有国内第一台牛奶微生物快速检测仪（可以在 10 分钟内检测出牛奶中各种微生物含量），拥有牛奶组分分析仪、凯式定氮仪等先进的实验设备。拥有法国的安其乐、艾卡，国产的杭州中亚、广州粤东等 17 台灌装设备。</td></tr>
</table>

附录二　乳品质量安全监督管理条例

第一章　总　　则

第一条　为了加强乳品质量安全监督管理，保证乳品质量安全，保障公众身体健康和生命安全，促进奶业健康发展，制定本条例。

第二条　本条例所称乳品，是指生鲜乳和乳制品。

乳品质量安全监督管理适用本条例；法律对乳品质量安全监督管理另有规定的，从其规定。

第三条　奶畜养殖者、生鲜乳收购者、乳制品生产企业和销售者对其生产、收购、运输、销售的乳品质量安全负责，是乳品质量安全的第一责任者。

第四条　县级以上地方人民政府对本行政区域内的乳品质量安全监督管理负总责。

县级以上人民政府畜牧兽医主管部门负责奶畜饲养以及生鲜乳生产环节、收购环节的监督管理。县级以上质量监督检验检疫部门负责乳制品生产环节和乳品进出口环节的监督管理。县级以上工商行政管理部门负责乳制品销售环节的监督管理。县级以上食品药品监督部门负责乳制品餐饮服务环节的监督管理。县级以上人民政府卫生主管部门依照职权负责乳品质量安全监督管理的综合协调、组织查处食品安全重大事故。县级以上人民政府其他有关部门在各自职责范围内负责乳品质量安全监督管理的其他工作。

第五条　发生乳品质量安全事故，应当依照有关法律、行政法规的规定及时报告、处理；造成严重后果或者恶劣影响的，对有关人民政府、有关部门负有领导责任的负责人依法追究责任。

第六条　生鲜乳和乳制品应当符合乳品质量安全国家标准。

乳品质量安全国家标准由国务院卫生主管部门组织制定，并根据风险监测和风险评估的结果及时组织修订。

乳品质量安全国家标准应当包括乳品中的致病性微生物、农药残留、兽药残留、重金属以及其他危害人体健康物质的限量规定，乳品生产经营过程的卫生要求，通用的乳品检验方法与规程，与乳品安全有关的质量要求，以及其他需要制定为乳品质量安全国家标准的内容。

制定婴幼儿奶粉的质量安全国家标准应当充分考虑婴幼儿身体特点和生长发育需要，保证婴幼儿生长发育所需的营养成分。

国务院卫生主管部门应当根据疾病信息和监督管理部门的监督管理信息等，对发现添加或者可能添加到乳品中的非食品用化学物质和其他可能危害人体健康的物质，立即组织进行风险评估，采取相应的监测、检测和监督措施。

第七条　禁止在生鲜乳生产、收购、贮存、运输、销售过程中添加任何物质。

禁止在乳制品生产过程中添加非食品用化学物质或者其他可能危害人体健康的物质。

第八条　国务院畜牧兽医主管部门会同国务院发展改革部门、工业和信息化部门、商务部门，制订全国奶业发展规划，加强奶源基地建设，完善服务体系，促进奶业健康发展。

县级以上地方人民政府应当根据全国奶业发展规划，合理确定本行政区域内奶畜养殖规模，科学安排生鲜乳的生产、收购布局。

第九条　有关行业协会应当加强行业自律，推动行业诚信建设，引导、规范奶畜养殖者、生鲜乳收购者、乳制品生产企业和销售者依法生产经营。

第二章　奶畜养殖

第十条　国家采取有效措施，鼓励、引导、扶持奶畜养殖者提高生鲜乳质量安全水平。省级以上人民政府应当在本级财政预算内安排支持奶业发展资金，并鼓励对奶畜养殖者、奶农专业生产合作社等给予信贷支持。

国家建立奶畜政策性保险制度，对参保奶畜养殖者给予保费补助。

第十一条　畜牧兽医技术推广机构应当向奶畜养殖者提供养殖技术培训、良种推广、疫病防治等服务。

国家鼓励乳制品生产企业和其他相关生产经营者为奶畜养殖者提供所需的服务。

第十二条　设立奶畜养殖场、养殖小区应当具备下列条件：

（一）符合所在地人民政府确定的本行政区域奶畜养殖规模；

（二）有与其养殖规模相适应的场所和配套设施；

（三）有为其服务的畜牧兽医技术人员；

（四）具备法律、行政法规和国务院畜牧兽医主管部门规定的防疫条件；

（五）有对奶畜粪便、废水和其他固体废物进行综合利用的沼气池等设施或者其他无害化处理设施；

（六）有生鲜乳生产、销售、运输管理制度；

（七）法律、行政法规规定的其他条件。

奶畜养殖场、养殖小区开办者应当将养殖场、养殖小区的名称、养殖地址、奶畜品种和养殖规模向养殖场、养殖小区所在地县级人民政府畜牧兽医主管部门备案。

第十三条　奶畜养殖场应当建立养殖档案，载明以下内容：

（一）奶畜的品种、数量、繁殖记录、标识情况、来源和进出场日期；

（二）饲料、饲料添加剂、兽药等投入品的来源、名称、使用对象、时间和用量；

（三）检疫、免疫、消毒情况；

（四）奶畜发病、死亡和无害化处理情况；

（五）生鲜乳生产、检测、销售情况；

（六）国务院畜牧兽医主管部门规定的其他内容。

奶畜养殖小区开办者应当逐步建立养殖档案。

第十四条　从事奶畜养殖，不得使用国家禁用的饲料、饲料添加剂、兽药以及其他对动物和人体具有直接或者潜在危害的物质。

禁止销售在规定用药期和休药期内的奶畜产的生鲜乳。

第十五条　奶畜养殖者应当确保奶畜符合国务院畜牧兽医主管部门规定的健康标准，并确保奶畜接受强制免疫。

动物疫病预防控制机构应当对奶畜的健康情况进行定期检测；经检测不符合健康标准的，应当立即隔离、治疗或者做无害化处理。

第十六条　奶畜养殖者应当做好奶畜和养殖场所的动物防疫工作，发现奶畜染疫或者疑似染疫的，应当立即报告，停止生鲜乳生产，并采取隔离等控制措施，防止疫病扩散。

奶畜养殖者对奶畜养殖过程中的排泄物、废弃物应当及时清运、处理。

第十七条　奶畜养殖者应当遵守国务院畜牧兽医主管部门制定的生鲜乳生产技术规程。直接从事挤奶工作的人员应当持有有效的健康证明。

奶畜养殖者对挤奶设施、生鲜乳贮存设施等应当及时清洗、消毒，避免对生鲜乳造成污染。

第十八条　生鲜乳应当冷藏。超过2小时未冷藏的生鲜乳，不得销售。

第三章　生鲜乳收购

第十九条　省、自治区、直辖市人民政府畜牧兽医主管部门应当根据当地奶源分布情况，按照方便奶畜养殖者、促进规模化养殖的原则，对生鲜乳收购站的建设进行科学规划和合理布局。必要时，可以实行生鲜乳集中定点收购。

国家鼓励乳制品生产企业按照规划布局，自行建设生鲜乳收购站或者收购原有生鲜乳收购站。

第二十条　生鲜乳收购站应当由取得工商登记的乳制品生产企业、奶畜养殖场、奶农专业生产合作社开办，并具备下列条件，取得所在地县级人民政府畜牧兽医主管部门颁发的生鲜乳收购许可证：

（一）符合生鲜乳收购站建设规划布局；

（二）有符合环保和卫生要求的收购场所；

（三）有与收奶量相适应的冷却、冷藏、保鲜设施和低温运输设备；

（四）有与检测项目相适应的化验、计量、检测仪器设备；

（五）有经培训合格并持有有效健康证明的从业人员；

（六）有卫生管理和质量安全保障制度。

生鲜乳收购许可证有效期 2 年；生鲜乳收购站不再办理工商登记。

禁止其他单位或者个人开办生鲜乳收购站。禁止其他单位或者个人收购生鲜乳。

国家对生鲜乳收购站给予扶持和补贴，提高其机械化挤奶和生鲜乳冷藏运输能力。

第二十一条　生鲜乳收购站应当及时对挤奶设施、生鲜乳贮存运输设施等进行清洗、消毒，避免对生鲜乳造成污染。

生鲜乳收购站应当按照乳品质量安全国家标准对收购的生鲜乳进行常规检测。检测费用不得向奶畜养殖者收取。

生鲜乳收购站应当保持生鲜乳的质量。

第二十二条　生鲜乳收购站应当建立生鲜乳收购、销售和检测记录。生鲜乳收购、销售和检测记录应当包括畜主姓名、单次收购量、生鲜乳检测结果、销售去向等内容，并保存 2 年。

第二十三条　县级以上地方人民政府价格主管部门应当加强对生鲜乳价格的监控和通报，及时发布市场供求信息和价格信息。必要时，县级以上地方人民政府建立由价格、畜牧兽医等部门以及行业协会、乳制品生产企业、生鲜乳收购者、奶畜养殖者代表组成的生鲜乳价格协调委员会，确定生鲜乳交易参考价格，供购销双方签订合同时参考。

生鲜乳购销双方应当签订书面合同。生鲜乳购销合同示范文本由国务院畜牧兽医主管部门会同国务院工商行政管理部门制定并公布。

第二十四条　禁止收购下列生鲜乳：

（一）经检测不符合健康标准或者未经检疫合格的奶畜产的；

（二）奶畜产犊 7 日内的初乳，但以初乳为原料从事乳制品生产的除外；

（三）在规定用药期和休药期内的奶畜产的；

（四）其他不符合乳品质量安全国家标准的。

对前款规定的生鲜乳，经检测无误后，应当予以销毁或者采取其他无害化处理措施。

第二十五条　贮存生鲜乳的容器，应当符合国家有关卫生标准，在挤奶后 2 小时内应当降温至 0～4℃。

生鲜乳运输车辆应当取得所在地县级人民政府畜牧兽医主管部门核发的生鲜乳准运证明，并随车携带生鲜乳交接单。交接单应当载明生鲜乳收购站的名称、生鲜乳数量、交接时间，并由生鲜乳收购站经手人、押运员、司机、收奶员签字。

生鲜乳交接单一式两份，分别由生鲜乳收购站和乳品生产者保存，保存时间 2 年。准运证明和交接单式样由省、自治区、直辖市人民政府畜牧兽医主管部门制定。

第二十六条　县级以上人民政府应当加强生鲜乳质量安全监测体系建设，配备相应的人员和设备，确保监测能力与监测任务相适应。

第二十七条　县级以上人民政府畜牧兽医主管部门应当加强生鲜乳质量安全监测工作，制定并组织实施生鲜乳质量安全监测计划，对生鲜乳进行监督抽查，并按照法定权限及时公布监督抽查结果。

监测抽查不得向被抽查人收取任何费用，所需费用由同级财政列支。

第四章 乳制品生产

第二十八条 从事乳制品生产活动，应当具备下列条件，取得所在地质量监督部门颁发的食品生产许可证：

（一）符合国家奶业产业政策；

（二）厂房的选址和设计符合国家有关规定；

（三）有与所生产的乳制品品种和数量相适应的生产、包装和检测设备；

（四）有相应的专业技术人员和质量检验人员；

（五）有符合环保要求的废水、废气、垃圾等污染物的处理设施；

（六）有经培训合格并持有有效健康证明的从业人员；

（七）法律、行政法规规定的其他条件。

质量监督部门对乳制品生产企业颁发食品生产许可证，应当征求所在地工业行业管理部门的意见。

未取得食品生产许可证的任何单位和个人，不得从事乳制品生产。

第二十九条 乳制品生产企业应当建立质量管理制度，采取质量安全管理措施，对乳制品生产实施从原料进厂到成品出厂的全过程质量控制，保证产品质量安全。

第三十条 乳制品生产企业应当符合良好生产规范要求。国家鼓励乳制品生产企业实施危害分析与关键控制点体系，提高乳制品安全管理水平。生产婴幼儿奶粉的企业应当实施危害分析与关键控制点体系。

对通过良好生产规范、危害分析与关键控制点体系认证的乳制品生产企业，认证机构应当依法实施跟踪调查；对不再符合认证要求的企业，应当依法撤销认证，并及时向有关主管部门报告。

第三十一条　乳制品生产企业应当建立生鲜乳进货查验制度，逐批检测收购的生鲜乳，如实记录质量检测情况、供货者的名称以及联系方式、进货日期等内容，并查验运输车辆生鲜乳交接单。查验记录和生鲜乳交接单应当保存2年。乳制品生产企业不得向未取得生鲜乳收购许可证的单位和个人购进生鲜乳。

乳制品生产企业不得购进兽药等化学物质残留超标，或者含有重金属等有毒有害物质、致病性的寄生虫和微生物、生物毒素以及其他不符合乳品质量安全国家标准的生鲜乳。

第三十二条　生产乳制品使用的生鲜乳、辅料、添加剂等，应当符合法律、行政法规的规定和乳品质量安全国家标准。

生产的乳制品应当经过巴氏杀菌、高温杀菌、超高温杀菌或者其他有效方式杀菌。

生产发酵乳制品的菌种应当纯良、无害，定期鉴定，防止杂菌污染。

生产婴幼儿奶粉应当保证婴幼儿生长发育所需的营养成分，不得添加任何可能危害婴幼儿身体健康和生长发育的物质。

第三十三条　乳制品的包装应当有标签。标签应当如实标明产品名称、规格、净含量、生产日期，成分或者配料表，生产企业的名称、地址、联系方式，保质期，产品标准代号，贮存条件，所使用的食品添加剂的化学通用名称，食品生产许可证编号，法律、行政法规或者乳品质量安全国家标准规定必须标明的其他事项。

使用奶粉、黄油、乳清粉等原料加工的液态奶，应当在包装上注明；使用复原乳作为原料生产液态奶的，应当标明“复原乳”字样，并在产品配料中如实标明复原乳所含原料及比例。

婴幼儿奶粉标签还应当标明主要营养成分及其含量，详细说明使用方法和注意事项。

第三十四条　出厂的乳制品应当符合乳品质量安全国家标准。

乳制品生产企业应当对出厂的乳制品逐批检验，并保存检验报告，留取样品。检验内容应当包括乳制品的感官指标、理化指标、卫生指标和乳制品中使用的添加剂、稳定剂以及酸奶中使用的菌种等；婴幼儿奶粉在出厂前还应当检测营养成分。对检验合格的乳制品应当标识检验合格证号；检验不合格的不得出厂。检验报告应当保存 2 年。

第三十五条　乳制品生产企业应当如实记录销售的乳制品名称、数量、生产日期、生产批号、检验合格证号、购货者名称及其联系方式、销售日期等。

第三十六条　乳制品生产企业发现其生产的乳制品不符合乳品质量安全国家标准、存在危害人体健康和生命安全危险或者可能危害婴幼儿身体健康或者生长发育的，应当立即停止生产，报告有关主管部门，告知销售者、消费者，召回已经出厂、上市销售的乳制品，并记录召回情况。

乳制品生产企业对召回的乳制品应当采取销毁、无害化处理等措施，防止其再次流入市场。

第五章　乳制品销售

第三十七条　从事乳制品销售应当按照食品安全监督管理的有关规定，依法向工商行政管理部门申请领取有关证照。

第三十八条　乳制品销售者应当建立并执行进货查验制度，审验供货商的经营资格，验明乳制品合格证明和产品标识，并建立乳制品进货台账，如实记录乳制品的名称、规格、数量、供货商及其联系方式、进货时间等内容。从事乳制品批发业务的销售企业应当建立乳制品销售台账，如实记录批发的乳制品的品种、规格、数量、流向等内容。进货台账和销售台账保存期限不得少于2年。

第三十九条　乳制品销售者应当采取措施，保持所销售乳制品的质量。

销售需要低温保存的乳制品的，应当配备冷藏设备或者采取冷藏措施。

第四十条　禁止购进、销售无质量合格证明、无标签或者标签残缺不清的乳制品。

禁止购进、销售过期、变质或者不符合乳品质量安全国家标准的乳制品。

第四十一条　乳制品销售者不得伪造产地，不得伪造或者冒用他人的厂名、厂址，不得伪造或者冒用认证标志等质量标志。

第四十二条　对不符合乳品质量安全国家标准、存在危害人体健康和生命安全或者可能危害婴幼儿身体健康和生长发育的乳制品，销售者应当立即停止销售，追回已经售出的乳制品，并记录追回情况。

乳制品销售者自行发现其销售的乳制品有前款规定情况的，还应当立即报告所在地工商行政管理等有关部门，通知乳制品生产企业。

第四十三条　乳制品销售者应当向消费者提供购货凭证，履行不合格乳制品的更换、退货等义务。

乳制品销售者依照前款规定履行更换、退货等义务后，属于乳制品生产企业或者供货商的责任的，销售者可以向乳制品生产企业或者供货商追偿。

第四十四条　进口的乳品应当按照乳品质量安全国家标准进行检验；尚未制定乳品质量安全国家标准的，可以参照国家有关部门指定的国外有关标准进行检验。

第四十五条　出口乳品的生产者、销售者应当保证其出口乳品符合乳品质量安全国家标准的同时还符合进口国家（地区）的标准或者合同要求。

第六章 监督检查

第四十六条 县级以上人民政府畜牧兽医主管部门应当加强对奶畜饲养以及生鲜乳生产环节、收购环节的监督检查。县级以上质量监督检验检疫部门应当加强对乳制品生产环节和乳品进出口环节的监督检查。县级以上工商行政管理部门应当加强对乳制品销售环节的监督检查。县级以上食品药品监督部门应当加强对乳制品餐饮服务环节的监督管理。监督检查部门之间、监督检查部门与其他有关部门之间，应当及时通报乳品质量安全监督管理信息。

畜牧兽医、质量监督、工商行政管理等部门应当定期开展监督抽查，并记录监督抽查的情况和处理结果。需要对乳品进行抽样检查的，不得收取任何费用，所需费用由同级财政列支。

第四十七条 畜牧兽医、质量监督、工商行政管理等部门在依据各自职责进行监督检查时，行使下列职权：

（一）实施现场检查；

（二）向有关人员调查、了解有关情况；

（三）查阅、复制有关合同、票据、账簿、检验报告等资料；

（四）查封、扣押有证据证明不符合乳品质量安全国家标准的乳品以及违法使用的生鲜乳、辅料、添加剂；

（五）查封涉嫌违法从事乳品生产经营活动的场所，扣押用于违法生产经营的工具、设备；

（六）法律、行政法规规定的其他职权。

第四十八条 县级以上质量监督部门、工商行政管理部门在监督检查中，对不符合乳品质量安全国家标准、存在危害人体健康和生命安全危险或者可能危害婴幼儿身体健康和生长发育的乳制品，责令并监督生产企业召回、销售者停止销售。

第四十九条 县级以上人民政府价格主管部门应当加强对生鲜乳购销过程中压级压价、价格欺诈、价格串通等不正当价格行为的监督检查。

第五十条　畜牧兽医主管部门、质量监督部门、工商行政管理部门应当建立乳品生产经营者违法行为记录，及时提供给中国人民银行，由中国人民银行纳入企业信用信息基础数据库。

第五十一条　省级以上人民政府畜牧兽医主管部门、质量监督部门、工商行政管理部门依据各自职责，公布乳品质量安全监督管理信息。有关监督管理部门应当及时向同级卫生主管部门通报乳品质量安全事故信息；乳品质量安全重大事故信息由省级以上人民政府卫生主管部门公布。

第五十二条　有关监督管理部门发现奶畜养殖者、生鲜乳收购者、乳制品生产企业和销售者涉嫌犯罪的，应当及时移送公安机关立案侦查。

第五十三条　任何单位和个人有权向畜牧兽医、卫生、质量监督、工商行政管理、食品药品监督等部门举报乳品生产经营中的违法行为。畜牧兽医、卫生、质量监督、工商行政管理、食品药品监督等部门应当公布本单位的电子邮件地址和举报电话；对接到的举报，应当完整地记录、保存。

接到举报的部门对属于本部门职责范围内的事项，应当及时依法处理，对于实名举报，应当及时答复；对不属于本部门职责范围内的事项，应当及时移交有权处理的部门，有权处理的部门应当立即处理，不得推诿。

第七章　法律责任

第五十四条　生鲜乳收购者、乳制品生产企业在生鲜乳收购、乳制品生产过程中，加入非食品用化学物质或者其他可能危害人体健康的物质，依照刑法第一百四十四条的规定，构成犯罪的，依法追究刑事责任，并由发证机关吊销许可证照；尚不构成犯罪的，由畜牧兽医主管部门、质量监督部门依据各自职责没收违法所得和违法生产的乳品，以及相关的工具、设备等物品，并处违法乳品货值金额15倍以上30倍以下罚款，由发证机关吊销许可证照。

第五十五条　生产、销售不符合乳品质量安全国家标准的乳品,依照刑法第一百四十三条的规定，构成犯罪的，依法追究刑事责任，并由发证机关吊销许可证照；尚不构成犯罪的，由畜牧兽医主管部门、质量监督部门、工商行政管理部门依据各自职责没收违法所得、违法乳品和相关的工具、设备等物品，并处违法乳品货值金额10倍以上20倍以下罚款，由发证机关吊销许可证照。

第五十六条　乳制品生产企业违反本条例第三十六条的规定，对不符合乳品质量安全国家标准、存在危害人体健康和生命安全或者可能危害婴幼儿身体健康和生长发育的乳制品，不停止生产、不召回的，由质量监督部门责令停止生产、召回；拒不停止生产、拒不召回的，没收其违法所得、违法乳制品和相关的工具、设备等物品，并处违法乳制品货值金额15倍以上30倍以下罚款，由发证机关吊销许可证照。

第五十七条　乳制品销售者违反本条例第四十二条的规定，对不符合乳品质量安全国家标准、存在危害人体健康和生命安全或者可能危害婴幼儿身体健康和生长发育的乳制品，不停止销售、不追回的，由工商行政管理部门责令停止销售、追回；拒不停止销售、拒不追回的，没收其违法所得、违法乳制品和相关的工具、设备等物品，并处违法乳制品货值金额15倍以上30倍以下罚款，由发证机关吊销许可证照。

第五十八条　违反本条例规定，在婴幼儿奶粉生产过程中，加入非食品用化学物质或其他可能危害人体健康的物质的，或者生产、销售的婴幼儿奶粉营养成分不足、不符合乳品质量安全国家标准的，依照本条例规定，从重处罚。

第五十九条　奶畜养殖者、生鲜乳收购者、乳制品生产企业和销售者在发生乳品质量安全事故后未报告、处置的，由畜牧兽医、质量监督、工商行政管理、食品药品监督等部门依据各自职责，责令改正，给予警告；毁灭有关证据的，责令停产停业，并处10万元以上20万元以下罚款；造成严重后果的，由发证机关吊销许可证照；构成犯罪的，依法追究刑事责任。

第六十条　有下列情形之一的，由县级以上地方人民政府畜牧兽医主管部门没收违法所得、违法收购的生鲜乳和相关的设备、设施等物品，并处违法乳品货值金额5倍以上10倍以下罚款；有许可证照的，由发证机关吊销许可证照：

（一）未取得生鲜乳收购许可证收购生鲜乳的；

（二）生鲜乳收购站取得生鲜乳收购许可证后，不再符合许可条件继续从事生鲜乳收购的；

（三）生鲜乳收购站收购本条例第二十四条规定禁止收购的生鲜乳的。

第六十一条　乳制品生产企业和销售者未取得许可证，或者取得许可证后不按照法定条件、法定要求从事生产销售活动的，由县级以上地方质量监督部门、工商行政管理部门依照《国务院关于加强食品等产品安全监督管理的特别规定》等法律、行政法规的规定处罚。

第六十二条　畜牧兽医、卫生、质量监督、工商行政管理等部门，不履行本条例规定职责、造成后果的，或者滥用职权、有其他渎职行为的，由监察机关或者任免机关对其主要负责人、直接负责的主管人员和其他直接责任人员给予记大过或者降级的处分；造成严重后果的，给予撤职或者开除的处分；构成犯罪的，依法追究刑事责任。

第八章　附　则

第六十三条　草原牧区放牧饲养的奶畜所产的生鲜乳收购办法，由所在省、自治区、直辖市人民政府参照本条例另行制定。

第六十四条　本条例自公布之日起施行。

二〇〇八年十月九日

附录三　相关标准及文件

一、乳制品良好生产规范

前　言

本标准代替 GB 12693—2003《乳制品企业良好生产规范》和 GB/T 21692—2008《乳粉卫生操作规范》。

本标准对应于国际食品法典委员会（CAC）CAC/RCP 1—1969，Rev. 4—2003 Recommended International Code of Practice General Principles of Food Hygiene 及 CAC/RCP 57—2004 Code of Hygienic Practice for Milk and Milk Products，本标准与 CAC/RCP 1—1969，Rev. 4—2003、CAC/RCP 57—2004 的一致性程度为非等效；同时参考了欧盟法规（EC）No. 852/2004 On the hygiene of foodstuffs 及（EC）No. 853/2004 Laying down specific hygiene rules for food of animal origin。

本标准与 GB 12693—2003 和 GB/T 21692—2008 相比，主要变化如下：

——标准名称改为《乳制品良好生产规范》；

——对适用范围进行了调整，强调了适用于各类乳制品企业；

——修改了标准条款框架；

——强调了在原料进厂、生产过程的食品安全控制、产品的运输和贮存整个生产过程中防止污染的要求；

——对生产设备进行了调整，从防止微生物、化学、物理污染的角度对生产设备提出了布局、材质和设计要求；

——取消了实验室建设中的硬件要求；

——增加了原料采购、验收、运输和贮存的相关要求；

——强调了生产过程的食品安全控制，并制定了控制微生物、化学、物理污染的主要措施；

——增加了包装材料及其使用要求；

——增加了关键控制点的控制指标、监测以及记录要求；

——增加了产品追溯与召回的具体要求；

——增加了记录和文件的管理要求。

本标准的附录 A 为资料性附录。

本标准所代替标准的历次版本发布情况为：

——GB 12693—1990、GB 12693—2003；

——GB/T 21692—2008。

食品安全国家标准
乳制品良好生产规范

1　范围

本标准适用于以牛乳（或羊乳）及其加工制品等为主要原料加工各类乳制品的生产企业。

2　规范性引用文件

本标准中引用的文件对于本标准的应用是必不可少的。凡是注日期的引用文件，仅所注日期的版本适用于本标准。凡是不注日期的引用文件，其最新版本（包括所有的修改单）适用于本标准。

3　术语和定义

3.1　清洁作业区 cleaning work area

清洁度要求高的作业区域，如裸露待包装的半成品贮存、充填及内包装车间等。

3.2　准清洁作业区 quasi-cleaning work area

清洁度要求低于清洁作业区的作业区域，如原料预处理车间等。

3.3　一般作业区 commonly work area

清洁度要求低于准清洁作业区的作业区域，如收乳间、原料仓库、包装材料仓库、外包装车间及成品仓库等。

4　选址及厂区环境

按照 GB 14881 有关规定执行。

5　厂房和车间

5.1　设计和布局

5.1.1　凡新建、扩建、改建的工程项目均应按照国家相关规定进行设计和施工。

5.1.2　厂房和车间的布局应能防止乳制品加工过程中的交叉污染，避免接触有毒物、不洁物。

5.1.3　车间内清洁作业区、准清洁作业区与一般作业区之间应采取适当措施，防止交叉污染。

5.2　内部建筑结构

5.2.1　屋顶

5.2.1.1　加工、包装、贮存等场所的室内屋顶和顶角应易于清扫，防止灰尘积聚，避免结露、长霉或脱落等情形发生。清洁作业区、准清洁作业区及其他食品暴露场所（收乳间除外）屋顶若为易于藏污纳垢的结构，宜加设平滑易清扫的天花板；若为钢筋混凝土结构，其室内屋顶应平坦无缝隙。

5.2.1.2　车间内平顶式屋顶或天花板应使用无毒、无异味的白色或浅色防水材料建造，若喷涂涂料，应使用防霉、不易脱落且易于清洗的涂料。

5.2.1.3　蒸汽、水、电等配管不应设置于食品暴露的正上方，否则应安装防止灰尘及凝结水掉落的设施。

5.2.2　墙壁

5.2.2.1　应使用无毒、无味、平滑、不透水、易清洗的浅色防腐材料构造。

5.2.2.2　清洁作业区与准清洁作业区的墙角及柱角应结构合理，易于清洗和消毒。

5.2.3　门窗

5.2.3.1　应使用光滑、防吸附的材料，并且易于清洗和消毒。

5.2.3.2　生产车间和贮存场所的门、窗应装配严密，应配备防尘、防动物及其他虫害的设施，并便于清洁。

5.2.3.3　清洁作业区、准清洁作业区的对外出入口应装设能自动关闭（如安装自动感应器或闭门器等）的门和（或）空气幕。

5.2.4　地面

5.2.4.1　地面应使用无毒、无味、不透水的材料建造，且须平坦防滑、无裂缝并易于清洗和消毒。

5.2.4.2　作业中有排水或废水流经的地面，以及作业环境经常潮湿或以水洗方式清洗作业等区域的地面宜耐酸耐碱，并应有一定的排水坡度及排水系统。

5.3　设施

5.3.1　供水设施

5.3.1.1　应能保证生产用水的水质、压力、水量等符合生产需要。

5.3.1.2　供水设备及用具应取得省级以上卫生行政部门的涉及饮用水卫生安全产品卫生许可批件。

5.3.1.3　供水设施出入口应增设安全卫生设施，防止动物及其他物质进入导致食品污染。

5.3.1.4　使用二次供水的，应符合 GB 17051 的规定。

5.3.1.5　使用自备水源的供水过程应符合国家卫生行政管理部门关于生活饮用水集中式供水单位的相关卫生要求。

5.3.1.6　不与食品接触的非饮用水（如冷却水、污水或废水等）的管道系统与生产用水的管道系统应明显区分，并以完全分离的管路输送，不应有逆流或相互交接现象。

5.3.1.7　生产用水的水质应符合 GB 5749 的规定。

5.3.2　排水系统

5.3.2.1　应配备适当的排水系统，且在设计和建造时应避免产品或生产用水受到污染。

5.3.2.2　排水系统应有坡度、保持通畅、便于清洗，排水沟的侧面和底面接合处应有一定弧度。

5.3.2.3　排水系统入口应安装带水封的地漏，以防止固体废弃物进入及浊气逸出。

5.3.2.4　排水系统内及其下方不应有生产用水的供水管路。

5.3.2.5　排水系统出口应有防止动物侵入的装置。

5.3.2.6　室内排水的流向应由清洁度要求高的区域流向清洁度要求低的区域，并有防止废水逆流的设计。

5.3.2.7　废水应排至废水处理系统或经其他适当方式处理。

5.3.3　清洁设施

应配备适当的专门用于食品、器具和设备清洁处理的设施，以及存放废弃物的设施等。

5.3.4　个人卫生设施

5.3.4.1　个人卫生设施应符合 GB 14881 的规定。

5.3.4.2　进入清洁作业区前应设置消毒设施，必要时设置二次更衣室。

5.3.5　通风设施

5.3.5.1　应具有自然通风或人工通风措施，减少空气来源的污染、控制异味，以保证食品的安全和产品特性。乳粉生产时清洁作业区还应控制环境温度，必要时控制空气湿度。

5.3.5.2　清洁作业区应安装空气调节设施，以防止蒸汽凝结并保持室内空气新鲜；一般作业区应安装通风设施，及时排除潮湿和污浊的空气。厂房内进行空气调节、进排气或使用风扇时，其空气应由清洁度要求高的区域流向清洁度要求低的区域，防止食品、生产设备及内包装材料遭受污染。

5.3.5.3 在有臭味及气体（蒸汽及有毒有害气体）或粉尘产生而有可能污染食品的区域，应有适当的排除、收集或控制装置。

5.3.5.4 进气口应距地面或屋面 2 米以上，远离污染源和排气口，并设有空气过滤设备。排气口应装有易清洗、耐腐蚀的网罩，防止动物侵入；通风排气装置应易于拆卸清洗、维修或更换。

5.3.5.5 用于食品、清洁食品接触面或设备的压缩空气或其他气体应经过滤净化处理，以防止造成间接污染。

5.3.6 照明设施

5.3.6.1 厂房内应有充足的自然采光或人工照明，车间采光系数不应低于标准Ⅳ级。质量监控场所工作面的混合照度不宜低于 540 lx，加工场所工作面不宜低于 220 lx，其他场所不宜低于 110 lx，对光敏感测试区域除外。光源不应改变食品的颜色。

5.3.6.2 照明设施不应安装在食品暴露的正上方，否则应使用安全型照明设施，以防止破裂污染食品。

5.3.7 仓储设施

5.3.7.1 企业应具有与生产经营的乳制品品种、数量相适应的仓储设施。

5.3.7.2 应依据原料、半成品、成品、包装材料等性质的不同分设贮存场所，必要时应设有冷藏（冻）库。同一仓库贮存性质不同物品时，应适当隔离（如分类、分架、分区存放），并有明显的标识。

5.3.7.3 仓库以无毒、坚固的材料建成，地面平整，便于通风换气，并应有防止动物侵入的装置（如仓库门口应设防鼠板或防鼠沟）。

5.3.7.4 仓库应设置数量足够的栈板（物品存放架），并使物品与墙壁、地面保持适当距离，以利空气流通及物品的搬运。

5.3.7.5　冷藏（冻）库，应装设可正确指示库内温度的温度计、温度测定器或温度自动记录仪，且对温度进行适时监控，并记录。

6　设备

6.1　生产设备

6.1.1　一般要求

6.1.1.1　应具有与生产经营的乳制品品种、数量相适应的生产设备，且各个设备的能力应能相互匹配。

6.1.1.2　所有生产设备应按工艺流程有序排列，避免引起交叉污染。

6.1.1.3　应制定生产过程中使用的特种设备（如压力容器、压力管道等）的操作规程。

6.1.2　材质

6.1.2.1　与原料、半成品、成品直接或间接接触的所有设备与用具，应使用安全、无毒、无臭味或异味、防吸收、耐腐蚀且可承受反复清洗和消毒的材料制造。

6.1.2.2　产品接触面的材质应符合食品相关产品的有关标准，应使用表面光滑、易于清洗和消毒、不吸水、不易脱落的材料。

6.1.3　设计

6.1.3.1　所有生产设备的设计和构造应易于清洗和消毒，并容易检查。应有可避免润滑油、金属碎屑、污水或其他可能引起污染的物质混入食品的构造，并应符合相应的要求。

6.1.3.2　食品接触面应平滑、无凹陷或裂缝，以减少食品碎屑、污垢及有机物的聚积。

6.1.3.3　贮存、运输及加工系统（包括重力、气动、密闭及自动系统）的设计与制造应易于维持其良好的卫生状况。物料的贮存设备应能密封。

6.1.3.4　应有专门的区域贮存设备备件，以便设备维修时能及时获得必要的备件；应保持备件贮存区域清洁干燥。

6.2　监控设备

6.2.1　用于测定、控制、记录的监控设备，如压力表、温度计等，应定期校准、维护，确保准确有效。

6.2.2　当采用计算机系统及其网络技术进行关键控制点监测数据的采集和对各项记录的管理时，计算机系统及其网络技术的有关功能可参考本标准附录 A 的规定。

6.3　设备的保养和维修

6.3.1　应建立设备保养和维修程序，并严格执行。

6.3.2　应建立设备的日常维护和保养计划，定期检修，并做好记录。

6.3.3　每次生产前应检查设备是否处于正常状态，防止影响产品卫生质量的情形发生；出现故障应及时排除并记录故障发生时间、原因及可能受影响的产品批次。

7　卫生管理

7.1　卫生管理制度

7.1.1　应制定卫生管理制度及考核标准，并实行岗位责任制。

7.1.2　应制订卫生检查计划，并对计划的执行情况进行记录并存档。

7.2　厂房及设施卫生管理

7.2.1　厂房内各项设施应保持清洁，及时维修或更新；厂房屋顶、天花板及墙壁有破损时，应立即修补，地面不应有破损或积水。

7.2.2　用于加工、包装、贮存和运输等的设备及工器具、生产用管道、食品接触面，应定期清洗和消毒。清洗和消毒作业时应注意防止污染食品、食品接触面及内包装材料。

7.2.3　已清洗和消毒过的可移动设备和用具，应放在能防止其食品接触面再受污染的适当场所，并保持适用状态。

7.3　清洁和消毒

7.3.1 应制订有效的清洁和消毒计划和程序，以保证食品加工场所、设备和设施等的清洁卫生，防止食品污染。

7.3.2 可根据产品和工艺特点选择清洁和消毒的方法。

7.3.3 用于清洁和消毒的设备、用具应放置在专用场所妥善保管。

7.3.4 应对清洁和消毒程序进行记录，如洗涤剂和消毒剂的品种、作用时间、浓度、对象、温度等。

7.4 人员健康与卫生要求

7.4.1 人员健康

7.4.1.1 企业应建立并执行从业人员健康管理制度。

7.4.1.2 乳制品加工人员每年应进行健康检查，取得健康证明后方可参加工作。

7.4.1.3 患有痢疾、伤寒、甲型病毒性肝炎、戊型病毒性肝炎等消化道传染病的人员，以及患有活动性肺结核、化脓性或者渗出性皮肤病等有碍食品安全疾病的人员，以及皮肤有未愈伤口的人员，企业应将其调整到其他不影响食品安全的工作岗位。

7.4.2 个人卫生

7.4.2.1 乳制品加工人员应保持良好的个人卫生。

7.4.2.2 进入生产车间前，应穿戴好整洁的工作服、工作帽、工作鞋（靴）。工作服应盖住外衣，头发不应露出帽外，必要时需戴口罩；不应穿清洁作业区、准清洁作业区的工作服、工作鞋（靴）进入厕所，离开生产加工场所或跨区域作业。

7.4.2.3 上岗前、如厕后、接触可能污染食品的物品后或从事与生产无关的其他活动后，应洗手消毒。生产加工、操作过程中应保持手部清洁。

7.4.2.4 乳制品加工人员不应涂指甲油，不应使用香水，不应佩戴手表及饰物。

7.4.2.5 工作场所严禁吸烟、吃食物或进行其他有碍食品卫生的活动。

7.4.2.6　个人衣物应贮存在更衣室个人专用的更衣柜内，个人用其他物品不应带入生产车间。

7.4.3　来访者

来访者进入食品生产加工、操作场所应符合现场操作人员卫生要求。

7.5　虫害控制

7.5.1　应制定虫害控制措施，保持建筑物完好、环境整洁，防止虫害侵入及孳生。

7.5.2　在生产车间和贮存场所的入口处应设捕虫灯（器），窗户等与外界直接相连的地方应当安装纱窗或采取其他措施，防止或消除虫害。

7.5.3　应定期监测和检查厂区环境和生产场所中是否有虫害迹象，若发现虫害存在时，应追查其来源，并杜绝再次发生。

7.5.4　可采用物理、化学或生物制剂进行处理，其灭除方法应不影响食品的安全和产品特性，不污染食品接触面及包装材料(如尽量避免使用杀虫剂等)。

7.6　废弃物处理

7.6.1　应制定废弃物存放和清除制度。

7.6.2　盛装废弃物、加工副产品以及不可食用物或危险物质的容器应有特别标识且要构造合理、不透水，必要时容器可封闭，以防止污染食品。

7.6.3　应在适当地点设置废弃物临时存放设施，并依废弃物特性分类存放，易腐败的废弃物应定期清除。

7.6.4　废弃物放置场所不应有不良气味或有害、有毒气体溢出，应防止虫害的孳生，防止污染食品、食品接触面、水源及地面。

7.7　有毒有害物管理

按照 GB 14881 有关规定执行。

7.8　污水、污物管理

7.8.1　污水排放应符合 GB 8978 的要求，不符合标准时应采取净化措施，达标后方可排放。

7.8.2　污物管理按照 GB 14881 有关规定执行。

7.9　工作服管理

按照 GB 14881 有关规定执行。

8　原料和包装材料的要求

8.1　一般要求

8.1.1　企业应建立与原料和包装材料的采购、验收、运输和贮存相关的管理制度，确保所使用的原料和包装材料符合法律法规的要求。不得使用任何危害人体健康和生命安全的物质。

8.1.2　企业自行建设的生乳收购站应符合国家和地方相关规定。

8.2　原料和包装材料的采购和验收要求

8.2.1　企业应建立供应商管理制度，规定供应商的选择、审核、评估程序。

8.2.2　企业应建立原料和包装材料进货查验制度。

8.2.2.1　使用生乳的企业应按照相关食品安全标准逐批检验收购的生乳，如实记录质量检测情况、供货方的名称以及联系方式、进货日期等内容，并查验运输车辆生乳交接单。企业不应从未取得生乳收购许可证的单位和个人购进生乳。

8.2.2.2　其他原料和包装材料验收时，应查验该批原料和包装材料的合格证明文件（企业自检报告或第三方出具的检验报告）；无法提供有效的合格证明文件的，应按照相应的食品安全标准或企业验收标准对所购原料和包装材料进行检验，合格后方可接收与使用。应如实记录原料和包装材料的相关信息。

8.2.3　经判定拒收的原料和包装材料应予以标识，单独存放，并通知供货方做进一步处理。

8.2.4　如发现原料和包装材料存在食品安全问题时应向本企业所在辖区的食品安全监管部门报告。

8.3　原料和包装材料的运输和贮存要求

8.3.1　企业应按照保证质量安全的要求运输和贮存原料和包装

材料。

8.3.2　生乳的运输和贮存

8.3.2.1　运输和贮存生乳的容器，应符合相关国家安全标准。

8.3.2.2　生乳在挤奶后2小时内应降温至0～4℃。采用保温奶罐车运输。运输车辆应具备完善的证明和记录。

8.3.2.3　生乳到厂后应及时进行加工，如果不能及时处理，应有冷藏贮存设施，并进行温度及相关指标的监测，做好记录。

8.3.3　其他原料和包装材料的运输和贮存

8.3.3.1　原料和包装材料在运输和贮存过程应避免太阳直射、雨淋、强烈的温度、湿度变化与撞击等；不应与有毒、有害物品混装、混运。

8.3.3.2　在运输和贮存过程中，应避免原料和包装材料受到污染及损坏，并将品质的劣化降到最低程度；对有温度、湿度及其他特殊要求的原料和包装材料应按规定条件运输和贮存。

8.3.3.3　在贮存期间应按照不同原料和包装材料的特点分区存放，并建立标识，标明相关信息和质量状态。

8.3.3.4　应定期检查库存原料和包装材料，对贮存时间较长，品质有可能发生变化的原料和包装材料，应定期抽样确认品质；及时清理变质或者超过保质期的原料和包装材料。

8.3.4　合格原料和包装材料使用时应遵照“先进先出”或“效期先出”的原则，合理安排使用。

8.4　保存原料和包装材料采购、验收、贮存和运输记录。

9　生产过程的食品安全控制

9.1　微生物污染的控制

9.1.1　温度和时间

9.1.1.1　应根据产品的特点，规定用于杀灭微生物或抑制微生物生长繁殖的方法，如热处理、冷冻或冷藏保存等，并实施有效的监控。

9.1.1.2　应建立温度、时间控制措施和纠偏措施，并进行定期验证。

9.1.1.3 对严格控制温度和时间的加工环节，应建立实时监控措施，并保持监控记录。

9.1.2 湿度

9.1.2.1 应根据产品和工艺特点，对需要进行湿度控制区域的空气湿度进行控制，以减少有害微生物的繁殖；制定空气湿度关键限值，并有效实施。

9.1.2.2 建立实时空气湿度控制和监控措施，定期进行验证，并进行记录。

9.1.3 生产区域空气洁净度

9.1.3.1 生产车间应保持空气的清洁，防止污染食品。

9.1.3.2 按 GB/T 18204.1 中的自然沉降法测定，清洁作业区空气中的菌落总数应控制在 30CFU/皿以下。

9.1.4 防止微生物污染

9.1.4.1 应对从原料和包装材料进厂到成品出厂的全过程采取必要的措施，防止微生物的污染。

9.1.4.2 用于输送、装载或贮存原料、半成品、成品的设备、容器及用具，其操作、使用与维护应避免对加工或贮存中的食品造成污染。

9.1.4.3 加工中与食品直接接触的冰块和蒸汽，其用水应符合 GB 5749 的规定。

9.1.4.4 食品加工中蒸发或干燥工序中的回收水以及循环使用的水可以再次使用，但应确保其对食品的安全和产品特性不造成危害，必要时应进行水处理，并应有效监控。

9.2 化学污染的控制

9.2.1 应建立防止化学污染的管理制度，分析可能的污染源和污染途径，并提出控制措施。

9.2.2 应选择符合要求的洗涤剂、消毒剂、杀虫剂、润滑油，并按照产品说明书的要求使用；对其使用应做登记，并保存好使用记录，避免污染食品的危害发生。

9.2.3　化学物质应与食品分开贮存，明确标识，并应有专人对其保管。

9.3　物理污染的控制

9.3.1　应通过采取设备维护、卫生管理、现场管理、外来人员管理及加工过程监督等措施，确保产品免受外来物（如玻璃或金属碎片、尘土等）的污染。

9.3.2　应采取有效措施（如设置筛网、捕集器、磁铁、电子金属检查器等）防止金属或其他外来杂物混入产品中。

9.3.3　不应在生产过程中进行电焊、切割、打磨等工作，以免产生异味、碎屑。

9.4　食品添加剂和食品营养强化剂

9.4.1　应依照食品安全标准规定的品种、范围、用量合理使用食品添加剂和食品营养强化剂。

9.4.2　在使用时对食品添加剂和食品营养强化剂准确称量，并做好记录。

9.5　包装材料

9.5.1　包装材料应清洁、无毒且符合国家相关规定。

9.5.2　包装材料或包装用气体应无毒，并且在特定贮存和使用条件下不影响食品的安全和产品特性。

9.5.3　内包装材料应能在正常贮存、运输、销售中充分保护食品免受污染，防止损坏。

9.5.4　可重复使用的包装材料如玻璃瓶、不锈钢容器等在使用前应彻底清洗，并进行必要的消毒。

9.5.5　在包装操作前，应对即将投入使用的包装材料标识进行检查，避免包装材料的误用，并予以记录，内容包括包装材料对应的产品名称、数量、操作人及日期等。

9.6　产品信息和标签

产品标签应符合 GB 7718、相应产品国家标准及国家其他相关规定。

10　检验

10.1　企业可对原料和产品自行检验，也可委托获得食品检验机构资质的检验机构进行检验。自行检验的企业应具备相应的检验能力。

10.2　应按相关标准对每批产品进行检验，并保留样品。

10.3　应加强实验室质量管理，确保检验结果的准确性和真实性。

10.4　应完整保存各项检验记录和检验报告。

11　产品的贮存和运输

11.1　应根据产品的种类和性质选择贮存和运输的方式，并符合产品标签所标识的贮存条件。

11.2　贮存和运输过程中应避免日光直射、雨淋、剧烈的温度、湿度变化和撞击等，以防止乳制品的成分、品质等受到不良的影响；不应将产品与有异味、有毒、有害物品一同贮存和运输。

11.3　用于贮存、运输和装卸的容器、工具和设备应清洁、安全，处于良好状态，防止产品受到污染。

11.4　仓库中的产品应定期检查，必要时应有温度记录和（或）湿度记录，如有异常应及时处理。

11.5　经检验后的产品应标识其质量状态。

11.6　产品的贮存和运输应有相应的记录，产品出厂有出货记录，以便发现问题时，可迅速召回。

12　产品追溯和召回

12.1　应建立产品追溯制度，确保对产品从原料采购到产品销售的所有环节都可进行有效追溯。

12.2　应建立产品召回制度。当发现某一批次或类别的产品含有或可能含有对消费者健康造成危害的因素时，应按照国家相关规定启动产品召回程序，及时向相关部门通告，并做好相关记录。

12.3　应对召回的食品采取无害化处理、销毁等措施，并将食品召回和处理情况向相关部门报告。

12.4　应建立客户投诉处理机制。对客户提出的书面或口头意见、投诉，企业相关管理部门应作记录并查找原因，妥善处理。

13　培训

13.1　应建立培训制度，对本企业所有从业人员进行食品安全知识培训。

13.2　应根据岗位的不同需求制订年度培训计划，进行相应培训，特殊工种应持证上岗。

13.3　应定期审核和修订培训计划，评估培训效果，并进行常规检查，以确保计划的有效实施。

13.4　应保存培训记录。

14　管理机构和人员

14.1　应建立健全本单位的食品安全管理制度，采取相应管理措施，对乳制品生产实施从原料进厂到成品出厂全过程的安全质量控制，保证产品符合法律法规和相关标准的要求。

14.2　应建立食品安全管理机构，负责企业的食品安全管理。

14.3　食品安全管理机构负责人应是企业法人代表或企业法人授权的负责人。

14.4　机构中的各部门应有明确的管理职责，并确保与质量、安全相关的管理职责落实到位。各部门应有效分工，避免职责交叉、重复或缺位。对厂区内外环境、厂房设施和设备的维护和管理、生产过程质量安全管理、卫生管理、品质追踪等制定相应管理制度，并明确管理负责人与职责。

14.5　食品安全管理机构中各部门应配备经专业培训的专职或兼职的食品安全管理人员，宣传贯彻食品安全法规及有关规章制度，负责督查执行的情况并做好有关记录。

15　记录和文件的管理

15.1　记录管理

15.1.1　应建立相应的记录管理制度，对乳制品加工中原料和包装材料等的采购、生产、贮存、检验、销售等环节详细记录，以增加食品安全管理体系的可信性和有效性。

15.1.1.1　应如实记录食品原料、食品添加剂、食品相关产品的名称、规格、数量、供货者名称及联系方式、进货日期等内容。

15.1.1.2　应如实记录产品的加工过程（包括工艺参数、环境监测等）、产品贮存情况及产品的检验批号、检验日期、检验人员、检验方法、检验结果等内容。

15.1.1.3　应如实记录出厂产品的名称、规格、数量、生产日期、生产批号、发货地点、收货人名称及联系方式、发货日期等内容。

15.1.1.4　应如实记录发生召回的食品名称、批次、规格、数量、发生召回的原因及后续整改方案等内容。

15.1.2　各项记录均应由执行人员和有关督导人员复核签名或签章，记录内容如有修改，不能将原文涂掉以致无法辨认，且修改后应由修改人在修改文字附近签名或签章。

15.1.3　所有生产和品质管理记录应由相关部门审核，以确定所有处理均符合规定，如发现异常现象，应立即处理。

15.1.4　对本规范所规定的有关记录，保存期不应少于二年。

15.2　文件管理

15.2.1　应建立文件的管理制度，并建立完整的质量管理档案，文件应分类归档、保存。分发、使用的文件应为批准的现行文本。已废除或失效的文件除留档备查外，不应在工作现场出现。

15.2.2　鼓励企业采用先进技术手段（如电子计算机信息系统），进行文件和记录的管理。

附录 A

（资料性附录）

乳制品和婴幼儿配方食品生产企业计算机系统应用的有关要求；乳制品和婴幼儿配方食品生产企业的计算机系统应能满足

《食品安全法》及其相关法律法规与标准；对食品安全的监管要求，应形成从原料进厂到产品出厂在内各环节有助于食品安全问题溯源、追踪、定位的完整信息链，应能按照监管部门的要求提交或远程报送相关数据。该计算机系统应符合（但不限于）以下要求：

A.1　系统应包括原料采购与验收、原料贮存与使用、生产加工关键控制环节监控、产品出厂检验、产品贮存与运输、销售等各环节与食品安全相关的数据采集和记录保管功能。

A.2　系统应能对本企业相关原料、加工工艺以及产品的食品安全风险进行评估和预警。

A.3　系统和与之配套的数据库应建立并使用完善的权限管理机制，保证工作人员账号/密码的强制使用，在安全架构上确保系统及数据库不存在允许非授权访问的漏洞。

A.4　在权限管理机制的基础上，系统应实现完善的安全策略，针对不同工作人员设定相应策略组，以确定特定角色用户仅拥有相应权限。系统所接触和产生的所有数据应保存在对应的数据库中，不应以文件形式存储，确定所有的数据访问都要受系统和数据库的权限管理控制。

A.5　对机密信息采用特殊安全策略确保仅信息拥有者有权进行读、写及删除操作。如机密信息确需脱离系统和数据库的安全控制范围进行存储和传输，应确保：

A.5.1　对机密信息进行加密存储，防止无权限者读取信息。

A.5.2　在机密信息传输前产生校验码，校验码与信息（加密后）分别传输，在接收端利用校验码确认信息未被篡改。

A.6　如果系统需要采集自动化检测仪器产生的数据，系统应提供安全、可靠的数据接口，确保接口部分的准确和高可用性，保证仪器产生的数据能够及时准确地被系统所采集。

A.7　应实现完善详尽的系统和数据库日志管理功能，包括：

A.7.1　系统日志记录系统和数据库每一次用户登录情况（用

户、时间、登录计算机地址等)。

A.7.2 操作日志记录数据的每一次修改情况(包括修改用户、修改时间、修改内容、原内容等)。

A.7.3 系统日志和操作日志应有保存策略,在设定的时限内任何用户(不包括系统管理员)不能够删除或修改,以确保一定时效的溯源能力。

A.8 详尽制定系统的使用和管理制度,要求至少包含以下内容:

A.8.1 对工作流程中的原始数据、中间数据、产生数据以及处理流程的实时记录制度,确保整个工作过程能够再现。

A.8.2 详尽的备份管理制度,确保故障灾难发生后能够尽快完整恢复整个系统以及相应数据。

A.8.3 机房应配备智能 UPS 不间断电源并与工作系统连接,确保外电断电情况下 UPS 接替供电并通知工作系统做数据保存和日志操作(UPS 应能提供保证系统紧急存盘操作时间的电力)。

A.8.4 健全的数据存取管理制度,保密数据严禁存放在共享设备上。部门内部的数据共享也应采用权限管理制度,实现授权访问。

A.8.5 配套的系统维护制度,包括定期的存储整理和系统检测,确保系统的长期稳定运行。

A.8.6 安全管理制度,需要定期更换系统各部分用户的密码,限定部分用户的登录地点,及时删除不再需要的账户。

A.8.7 规定外网登录的用户不应开启和使用外部计算机上操作系统提供的用户/密码记忆功能,防止信息被盗用。

A.9 当关键控制点实时监测数据与设定的标准值不符时,系统能记录发生偏差的日期、批次以及纠正偏差的具体方法、操作者姓名等。

A.10 系统内的数据和有关记录应能够被复制,以供监管部门进行检查分析。

二、粉状婴幼儿配方食品良好生产规范

前 言

本标准代替 GB/T 23790—2009《婴幼儿配方粉企业良好生产规范》。

本标准参考了国际标准 CAC/RCP 66－2008 Code of Hygienic Practice for Powdered Formulae for Infants and Young Children。

本标准与 GB/T 23790—2009 相比，主要变化如下：

——标准名称改为《粉状婴幼儿配方食品良好生产规范》；

——由推荐性标准改为强制性标准；

——修改了标准条款框架；

——增加了原料采购、验收、运输和贮存相关的要求；

——修改了生产过程的食品安全控制措施，增加了安全控制的特定处理步骤，制定了对热处理、中间贮存、冷却、干混合、内包装等重要工序的控制要求；对微生物、化学、物理污染的重点控制措施参照 GB 12693—2010 的规定；

——增加了对大豆原料安全性控制的要求；

——增加了食品安全控制措施有效性的监控与评价方法；

——增加了附录 A，规定了对清洁作业区环境中主要污染源——沙门氏菌、阪崎肠杆菌和其他肠杆菌进行监控的要求。

本标准的附录 A 为规范性附录。

本标准所代替标准的历次版本发布情况为：

——GB/T 23790—2009。

食品安全国家标准粉状婴幼儿配方食品良好生产规范

1 范 围

本标准适用于以乳类或大豆及其加工制品为主要原料的粉状婴幼儿配方食品（包括粉状婴儿配方食品、粉状较大婴儿和幼儿配方食品）的生产企业。

2 规范性引用文件

本标准中引用的文件对于本标准的应用是必不可少的。凡是注日期的引用文件，仅所注日期的版本适用于本标准。凡是不注日期的引用文件，其最新版本（包括所有的修改单）适用于本标准。

3 术语和定义

3.1 清洁作业区 cleaning work area

清洁度要求高的作业区域，如裸露待包装的半成品贮存、充填及内包装车间等。

3.2 准清洁作业区 quasi-cleaning work area

清洁度要求低于清洁作业区的作业区域，如原辅料预处理车间等。

3.3 一般作业区 commonly work area

清洁度要求低于准清洁作业区的作业区域，如收乳间、原料仓库、包装材料仓库、外包装车间及成品仓库等。

3.4 湿法（生产）工艺 wet-mix process

将粉状婴幼儿配方食品的配料成分在液体状态下进行处理与混合的生产工艺，该工艺通常包括配料、热处理、浓缩、干燥等工序。

3.5 干法（生产）工艺 dry-mix process

将粉状婴幼儿配方食品的配料成分在干燥状态下进行处理与混合而制成最终产品的生产工艺。

3.6　干湿法复合（生产）工艺 combined process

将粉状婴幼儿配方食品的部分配料成分在液体状态下进行处理与混合，干燥后再采用干法工艺添加另一部分干燥配料成分而制成最终产品的生产工艺。

4　选址及厂区环境

应符合 GB 12693 的相关规定。应远离禽畜养殖场，厂区内不应饲养动物。

5　厂房和车间

5.1　设计和布局

5.1.1　应符合 GB 12693 的相关规定。

5.1.2　厂房和车间应合理设计、建造和规划与生产相适应的相关设施和设备，以防止微生物孳生及污染的侵害，特别是应防止沙门氏菌和阪崎肠杆菌（*Cronobacter* 属）的污染，同时避免或尽量减少这些细菌在藏匿地的存在或繁殖。设计中应考虑如下避免微生物孳生的因素：

5.1.2.1　设计时潮湿区域和干燥区域应隔离、分开；应有效控制人员、设备和物料流动造成的污染，防止沙门氏菌和阪崎肠杆菌进入清洁作业区。

5.1.2.2　设计合理的排水设施，地面应平整、保持适当的坡度、防止积水，清洁作业区还应防止凝结水的产生。

5.1.2.3　应防止加工材料的不当堆积，避免因此产生不利于清洁的场所。

5.1.2.4　湿式清洁流程应设计合理，在干燥区域应防止不当的湿式清洁流程致使沙门氏菌和阪崎肠杆菌的产生与传播。

5.1.2.5　应做好穿越建筑物楼板、天花板和墙面的各类管道、电缆与穿孔间隙间的围封和密封。

5.1.3　粉状婴幼儿配方食品生产场所的内部设计和布局，应按生产工艺以及卫生清洁要求进行合理布局。

5.1.4　对于无后续灭菌操作的干加工区域的操作，应在清洁作业区进行，如从干燥（或干燥后）工序至充填和密封包装的操作。

5.1.5　应按照生产工艺和卫生、质量要求，划分作业区洁净级别，原则上分为一般作业区、准清洁作业区和清洁作业区。清洁作业区应安装具有过滤装置的独立的空气净化系统，并保持正压。

5.1.6　不同洁净级别的作业区域之间应设置有效的物理隔离。清洁作业区应保持对其他区域的正压，防止未净化的空气进入清洁作业区而造成交叉污染。

5.1.7　对于清洁作业区出入应有合理的限制和控制措施，以避免或减少致病菌污染。进出清洁作业区的人员、原料、包装材料、废物、设备等，应有防止交叉污染的措施，如设置人员更衣室更换工作服、工作鞋或鞋套，专用物流通道以及废物通道等。对于通过管道运输的原料或产品进入清洁作业区，需要设计和安装适当的空气过滤系统。

5.1.8　各作业区净化级别应满足粉状婴幼儿配方食品加工对空气净化的需要。清洁作业区和准清洁作业区的空气洁净度应符合表1的要求，并应定期进行检测。

表1　清洁作业区和准清洁作业区的空气洁净度控制要求

区域	细菌总数（CFU/皿）	检验方法
清洁作业区	≤30	按 GB/T 18204.1 中自然沉降法测定
准清洁作业区	≤50	

5.1.9　清洁作业区应保持干燥，尽量减少供水设施及系统；如无法避免，则应有防护措施，且不应穿越主要生产作业面的上部空间，防止二次污染的发生。

5.1.10　厂房、车间、仓库应有防止昆虫和老鼠等动物进入的设施。

5.2　内部建筑结构

应符合 GB 12693 的相关规定。

5.3　设施

5.3.1　供水设施

应符合 GB 12693 的相关规定。

5.3.2　排水系统

应符合 GB 12693 的相关规定。在清洁作业区内，应设置适当的设施或采用适当措施保持干燥，以避免水残余物的产生而导致相关微生物的增长和扩散。

5.3.3　清洁设施

5.3.3.1　应符合 GB 12693 的相关规定。

5.3.3.2　对需保持干燥的清洁作业区应采用如下措施：

a）采用适用于场所和设备的干式清洁流程；

b）如果无法采用干式清洁措施，可在受控条件下采用湿式清洁，但应确保能够及时彻底的恢复设备和环境的干燥，使该区域不被污染。

5.3.4　个人卫生设施

5.3.4.1　应符合 GB 12693 的相关规定。

5.3.4.2　更衣室及洗手消毒室应设置在员工进入加工车间入口附近或适当处。洗手消毒室内应配置足够数量的非手动式水龙头、消毒和自动感应式干手设施。

5.3.4.3　车间入口处应设置保洁措施，以防止鞋靴对车间的污染。

5.3.4.4　清洁作业区的入口应设置二次更衣室，进入清洁作业区前设置手消毒设施。

5.3.5　通风设施

应符合 GB 12693 的相关规定。

5.3.6 照明设施

应符合 GB 12693 的相关规定。

5.3.7 仓储设施

应符合 GB 12693 的相关规定。

6 设备

6.1 生产设备

6.1.1 一般要求

应符合 GB 12693 的相关规定。

6.1.2 材质

应符合 GB 12693 的相关规定。

6.1.3 设计

6.1.3.1 生产设备应符合 GB 12693 的相关规定。

6.1.3.2 粉状婴幼儿配方食品的生产分干法工艺和湿法工艺（包括干湿法复合工艺），应按工艺需要配备相应的生产设备。

6.1.3.3 生产设备应有明显的运行状态标识，并定期维修、保养和验证。设备安装、维修、保养的操作不应影响产品的质量。维修后的设备应进行验证或确认，确保各项性能满足工艺要求。不合格的设备应搬出生产区，未搬出前应有明显标志。

6.1.3.4 用于食品、清洁食品接触面或设备的压缩空气或其他惰性气体应进行过滤净化处理，以防止造成间接污染。

6.2 监控设备

应符合 GB 12693 的相关规定。

6.3 设备的保养和维修应符合 GB 12693 的相关规定。

7 卫生管理

7.1 卫生管理制度

应符合 GB 12693 的相关规定。

7.2 厂房及设施卫生管理

应符合 GB 12693 的相关规定。

7.3 清洁和消毒

7.3.1　应符合 GB 12693 的相关规定。

7.3.2　在需干式作业的清洁作业区（如干混、充填包装等），对生产设备和加工环境实施有效的干式清洁流程是防止微生物繁殖的最有效方法，应尽量避免湿式清洁。湿式清洁应仅限于可以搬运到专门房间的设备零件或者在湿式清洁后可以立即采取干燥措施的情况。

7.3.3　应制定有效的监督流程，以确保关键流程［如人工清洁、就地清洗操作（CIP）以及设备维护］符合相关规定和标准要求，尤其要确保清洁和消毒方案的适用性，清洁剂和消毒剂的浓度适当，CIP 系统符合相关温度和时间要求，且设备在必要时应进行合理的冲洗。

7.3.4　所有生产车间应制定清洗（或清洁）和消毒的周期表，保证所有区域均被清洁，对重要区域、设备和器具应进行特殊的清洁。

7.3.5　应保证清洁人员的数量并根据需要明确每个人的责任；所有的清洁人员均应接受良好的培训，清楚污染的危害性和防止污染的重要性；应对清洗和消毒做好记录。

7.4　人员健康与卫生要求

7.4.1　应符合 GB 12693 的相关规定。

7.4.2　清洁作业区的员工应穿着符合该区域卫生要求的工作服（或一次性工作服），并配备帽子、口罩和工作鞋。准清洁作业区及一般作业区的员工应穿着符合相应区域卫生要求的工作服，并配备帽子和工作鞋。清洁作业区及准清洁作业区使用的工作服和工作鞋不能在指定区域以外的地方穿着。

7.5　虫害控制

应符合 GB 12693 的相关规定。

7.6　废弃物处理

应符合 GB 12693 的相关规定。

7.7　有毒有害物管理

应符合 GB 12693 的相关规定。

7.8 污水、污物管理

应符合 GB 12693 的相关规定。

7.9 工作服管理

应符合 GB 12693 的相关规定。

8 原料和包装材料的要求

8.1 一般要求

应符合 GB 12693 的相关规定。使用的原料应符合相应的国家标准和（或）相关法规的要求，应保证婴幼儿的安全，满足营养需要，不应使用或添加危害婴幼儿营养与健康的物质及非食用物质。

8.2 原料和包装材料的采购和验收要求

8.2.1 应符合 GB 12693 的相关规定。

8.2.2 对直接进入干混合工序的原料，企业应采取措施确保原料微生物指标符合产品标准要求，对大豆原料应确保脲酶活性为阴性。应对供应商采用的流程和安全措施进行评估，必要时应进行定期现场评审或对流程进行监控。

8.3 原料和包装材料的运输和贮存要求

8.3.1 应符合 GB 12693 的相关规定。

8.3.2 食品添加剂及食品营养强化剂应由专人负责管理，设置专库或专区存放，并使用专用登记册（或仓库管理软件）记录添加剂及营养强化剂的名称、进货时间、进货量和使用量等，还应注意其有效期限。

8.3.3 对贮存期间质量容易发生变化的维生素和微量元素等营养强化剂应进行原料合格验证，必要时进行检验，以确保其符合原料规定的要求。

8.4 保存原料和包装材料采购、验收、贮存和运输记录

9 生产过程的食品安全控制

9.1 微生物污染的控制

9.1.1　应符合 GB 12693 的相关规定。

9.1.2　当对控制措施的监控结果表明有偏离时，应采取适当的纠正措施。

9.2　化学污染的控制

应符合 GB 12693 的相关规定。

9.3　物理污染的控制

应符合 GB 12693 的相关规定。

9.4　食品添加剂和食品营养强化剂

应符合 GB 12693 的相关规定。

9.5　包装材料

应符合 GB 12693 的相关规定。

9.6　特定处理步骤

粉状婴幼儿配方食品的生产工艺中各处理工序应分别符合相应的干法工艺或湿法工艺特定处理步骤的要求，并应符合如下规定：

9.6.1　热处理：（湿法和干湿法复合生产工艺）热处理工序应作为确保粉状婴幼儿配方食品安全的关键控制点。热处理温度和时间应考虑产品属性等因素（如脂肪含量、总固形物含量等）对杀菌目标微生物耐热性的影响。因此，应制定相关流程检查温度和时间是否偏离，并采取恰当的纠正措施。

如购进的大豆原料没有经过加热灭酶处理（或灭酶不彻底），此类豆基产品应通过热处理同时达到杀灭致病菌和彻底火酶的效果（脲酶为阴性），并作为关键控制点进行监控。热处理中时间、温度、灭酶时间等关键工艺参数应有记录。

9.6.2　中间贮存

在湿法和干湿法复合工艺中，对液态半成品中间贮存应采取相应的措施防止微生物的生长。干法生产中裸露的原料粉或湿法生产中裸露的粉状半成品应保持在清洁作业区。

9.6.3　从热处理到干燥的工艺步骤

从热处理到干燥前的所有输送管道和设备应保持密闭，并定期进行彻底的清洗消毒。

9.6.4　冷却

在湿法和干湿法复合工艺生产中，干燥后的裸露半成品粉末应在清洁作业区内冷却。

9.6.5　干混合

在干法工艺和干湿法复合工艺中，干混合时应对如下关键因素进行控制：

9.6.5.1　与空气环境接触的裸粉工序（如预混及分装、配料、投料）需在清洁作业区内进行。清洁作业区的温度和相对湿度应与粉状婴幼儿配方食品的生产工艺相适应。无特殊要求时，温度应不高于25℃，相对湿度应在65％以下。

9.6.5.2　配料应计量准确。

9.6.5.3　与混合均匀性有关的关键工艺参数（如混合时间等）应予以验证；对混合的均匀性应进行确认。

9.6.5.4　与物料接触的设备内壁应光滑、平整、无死角，易于清洗、耐腐蚀，且其内表层应采用不与物料反应、不释放出微粒及不吸附物料的材料。

9.6.5.5　正压输送物料所需的压缩空气，需经过除油、除水、洁净过滤及除菌处理后方可使用。

9.6.5.6　原料、包装材料、人员应制定严格的卫生控制要求。原料应经必要的保洁程序和物料通道进入作业区，应遵循去除外包装，或经过外包装消毒的处理程序。作业人员应经二次更衣和手的清洁与消毒等处理程序进入清洁作业区，确保相关人员手的卫生，穿工作服，戴上头罩，换鞋或穿上鞋罩。

9.6.6　内包装工序

应对如下关键因素进行控制：

9.6.6.1　内包装工序应在清洁作业区内进行。

9.6.6.2　应只允许相关工作人员进入包装室，原料和包装材料、人员的要求参照 9.6.5.6 的规定。

9.6.6.3　使用前应检查包装材料的外包装是否完好，以确保包装材料未被污染。

9.6.6.4　生产企业应采用有效的异物控制措施，预防和检查异物，如设置筛网、强磁铁、金属探测器等，对这些措施应实施过程监控或有效性验证。

9.6.6.5　不同品种的产品在同一条生产线上生产时，应有效清洁并保存清场记录，确保产品切换不对下一批产品产生影响。

9.6.7　生产用水的控制

与食品直接接触的生产用水、设备清洗用水等应符合 GB 5749 的相关规定。循环水、冰和蒸汽等其他用水应符合 GB 12693 的相关规定。

9.7　产品信息和标签

9.7.1　产品标签应符合 GB 13432 和相应产品国家标准及国家其他相关法规的规定。

9.7.2　标签中应标示产品的冲调方法、冲调用水及贮存方法等信息，应指导消费者在冲调和处理产品以及喂养过程中避免可能因使用产品不当而引起食源性疾病的做法。

10　检验

10.1　应符合 GB 12693 的相关规定。

10.2　应逐批抽取代表性成品样品，包括每天包装后的第一个成品及其他抽样成品，按国家相关法规和标准的规定进行检验。

11　产品的贮存和运输

应符合 GB 12693 的相关规定。

12　产品追溯和召回

应符合 GB 12693 的相关规定。

13　培训

应符合 GB 12693 的相关规定。

14　管理机构和人员

应符合 GB 12693 的相关规定。

15 记录与文件的管理

15.1 记录管理

应符合 GB 12693 的相关规定。

15.2 文件管理

应符合 GB 12693 的相关规定。

16 食品安全控制措施有效性的监控与评价

采用附录 A 的监控与评价措施，确保食品安全控制措施的有效性。

附录 A

（规范性附录）

粉状婴幼儿配方食品清洁作业区沙门氏菌、阪崎肠杆菌和其他肠杆菌的环境监控指南：

A.1 由于在卫生条件良好的生产环境中也有可能存在少量的肠杆菌（Enterobacteriaece，简称 EB），包括阪崎肠杆菌（*Cronobacter* 属），使经巴氏杀菌后的产品有可能被环境污染，导致终产品中存在微量的肠杆菌。因此，应监控生产环境中的肠杆菌，以便确认卫生控制程序是否有效，出现偏差时生产企业应及时采取纠正措施。通过持续监控，获得卫生情况的基础数据，并跟踪趋势的变化。据有关工厂实践表明，降低环境中肠杆菌数量可以减少终产品中肠杆菌（包括阪崎肠杆菌和沙门氏菌）的数量。

为防止污染事件的发生，避免抽样检测终产品中微生物的局限性，应制订环境监控计划。监控计划可作为一种食品安全管理工具，用来对清洁作业区（干燥区域）卫生状况实施评估，并作为 HACCP 的基础程序。

在制订监控计划时应考虑以下沙门氏菌、阪崎肠杆菌及其他肠杆菌的生态学特征等因素：

A.1.1 沙门氏菌在干燥环境中极少发现，但还应制订监控计划来预防沙门氏菌的进入，评估生产环境中卫生控制措施的有效性，指导有关人员在检出沙门氏菌的情况下，防止其进一步扩散。

A.1.2　阪崎肠杆菌比沙门氏菌更容易在干燥环境中发现。如果采用适当的取样和测试方法，阪崎肠杆菌更易被检出。应制订监控计划来评估阪崎肠杆菌数量是否增长，并采取有效措施防止其增长。

A.1.3　肠杆菌散布广泛，是干燥环境的常见菌群，且容易检测。肠杆菌可作为生产过程及环境卫生状况的指标菌。

A.2　在设计取样方案时应考虑的因素

A.2.1　产品种类和工艺过程

应根据产品特点、消费者年龄和健康状况来确定取样方案的需求和范围。本标准中各类产品都将沙门氏菌规定为致病菌，部分产品将阪崎肠杆菌规定为致病菌。

监控的重点应放在微生物容易藏匿孳生的区域，如干燥环境的清洁作业区。应特别关注该区域与相邻较低卫生级别区域的交界处及靠近生产线和设备且容易发生污染的地方，如封闭设备上用于偶尔检查的开口。应优先监控已知或可能存在污染的区域。

A.2.2　样本的种类

监控计划应包括如下两种样本：

A.2.2.1　从不接触食品的表面采样，如设备外部、生产线周围的地面、管道和平台。在这些情况下，污染风险程度和污染物含量将取决于生产线和设备的位置和设计。

A.2.2.2　从直接接触食品的表面采样，如从喷粉塔到包装前之间可能直接污染产品的设备，如筛尾的结团配方粉因吸收水分，微生物容易孳生。如果食品接触表面存在指标菌、阪崎肠杆菌或沙门氏菌，表明产品受污染的风险很高。

A.2.3　目标微生物

沙门氏菌和阪崎肠杆菌是主要的目标微生物，但可将肠杆菌作为卫生指标。肠杆菌的含量显示了沙门氏菌存在的可能性，以及沙门氏菌和阪崎肠杆菌生长的条件。

A.2.4 取样点和样本数量

样本数量应随着工艺和生产线的复杂程度而变化。

取样点应为微生物可能藏匿或进入而导致污染的地方。可以根据有关文献资料确定取样点，也可以根据经验和专业知识或者工厂污染调查中收集的历史数据确定取样点。应定期评估取样点，并根据特殊情况，如重大维护、施工活动、或者卫生状况变差时，在监控计划中增加必要的取样点。

取样计划应全面，且具有代表性，应考虑不同类型生产班次以及这些班次内的不同时间段进行科学合理取样。为验证清洁措施的效果，应在开机生产前取样。

A.2.5 取样频率

应根据 A.2.1 的因素决定取样的频率，按照在监控计划中现有各区域微生物存在的数据来确定。如果没有此类数据，应收集充分的资料，以确定合理的取样频率，包括长期收集沙门氏菌或阪崎肠杆菌的发生情况。

应根据检测结果和污染风险严重程度来调整环境监控计划实施的频率。当终产品中检出致病菌或指标菌数量增加时，应加强环境取样和调查取样，以确定污染源。当污染风险增加时（比如进行维护、施工或湿清洁之后），也应适当增加取样频率。

A.2.6 取样工具和方法

应根据表面类型和取样地点来选择取样工具和方法，如刮取表面残留物或吸尘器里的粉尘直接作为样本，对于较大的表面，采用海绵（或棉签）进行擦拭取样。

A.2.7 分析方法

分析方法应能够有效检出目标微生物，具有可接受的灵敏度，并有相关记录。在确保灵敏度的前提下，可以将多个样品混在一起检测。如果检出阳性结果，应进一步确定阳性样本的位置。如果需要，可以用基因技术分析阪崎肠杆菌来源以及粉状婴幼儿配方食品污染路径的有关信息。

A.2.8　数据管理

监控计划应包括数据记录和评估系统，如趋势分析。一定要对数据进行持续的评估，以便对监控计划进行适当修改和调整。对肠杆菌和阪崎肠杆菌数据实施有效管理，有可能发现被忽视的轻度或间断性污染。

A.2.9　阳性结果纠偏措施

监控计划的目的是发现环境中是否存在目标微生物。在制订监控计划前，应制定接受标准和应对措施。监控计划应规定具体的行动措施并阐明相应原因。相关措施包括：不采取行动（没有污染风险）、加强清洁、污染源追踪（增加环境测试）、评估卫生措施、扣留和测试产品。

生产企业应制定检出肠杆菌和阪崎肠杆菌后的行动措施，以便在出现超标时准确应对。对卫生程序和控制措施应进行评估。当检出沙门氏菌时应立即采取纠偏行动，并且评估阪崎肠杆菌趋势和肠杆菌数量的变化，具体采取哪种行动取决于产品被沙门氏菌和阪崎肠杆菌污染的可能性。

三、乳制品生产企业良好生产规范（GMP）认证实施规则（试行）

2009—3 发布

2009—6 实施

中国国家认证认可监督管理委员会发布

1　目的、范围与责任

1.1　为规范乳制品生产企业良好生产规范（GMP）认证（以下

简称GMP认证）工作，强化乳制品生产企业（以下简称乳品企业）质量安全自控能力，依据《中华人民共和国食品安全法》、《中华人民共和国乳品质量安全监督管理条例》、《中华人民共和国认证认可条例》有关规定，制定本规则。

1.2 本规则规定了从事乳品企业GMP认证的认证机构（以下简称认证机构）实施乳品企业GMP认证的程序与管理的基本要求，是认证机构从事乳品企业GMP认证活动的基本依据。

1.3 认证机构和认证人员遵守本规则的规定，并不意味着可免除其所承担的法律责任。认证机构和认证人员应依据《中华人民共和国食品安全法》、《中华人民共和国乳品质量安全监督管理条例》、《中华人民共和国认证认可条例》等相关法律、法规的规定，承担所涉及的认证责任。

2 认证机构要求

2.1 认证机构应当依法设立，具有《中华人民共和国认证认可条例》规定的基本条件和从事乳品企业GMP认证的技术能力，并获得国家认证认可监督管理委员会（以下简称国家认监委）批准。

2.2 认证机构应在获得国家认监委批准后的12个月内，向国家认监委提交其实施乳品企业GMP认证活动符合GB/T 27021《合格评定 管理体系审核认证机构的要求》的证明文件。逾期未获得相关证明文件的，将撤销其乳品企业GMP认证批准资质。认证机构在未取得相关证明文件前，只能颁发不超过10张该认证范围的认证证书。

3 认证人员要求

3.1 认证审核员应按照《认证及认证培训、咨询人员管理办法》有关规定取得中国认证认可协会的执业注册。中国认证认可协会应对认证审核人员的专业能力进行评估。

3.2 认证审核员应当具备实施乳品企业GMP认证活动的能力。认证机构应对本机构的认证审核员的能力做出评价，以满足实施乳品企业相应类别产品 GMP 认证活动的需要。

4　认证依据

GB 12693《乳制品企业良好生产规范》。

5　认证程序

5.1　认证申请

5.1.1　申请人应具备以下条件：

（1）取得国家工商行政管理部门或有关机构注册登记的法人资格（或其组成部分）；

（2）取得相关法规规定的行政许可文件（适用时）；

（3）产品标准符合《中华人民共和国标准化法》规定；

（4）生产经营的产品符合中华人民共和国相关法律、法规、食品安全标准和有关技术规范的要求；

（5）按照 GB 12693《乳制品企业良好生产规范》，建立和实施了 GMP，产品生产工艺定型并持续稳定生产。

5.1.2　申请人应提交的文件和资料：

（1）认证申请书；

（2）法律地位证明文件复印件；

（3）有关法规要求的行政许可证件复印件（适用时）；

（4）组织机构代码证书复印件；

（5）生鲜乳日供应与企业日加工能力情况及最大收奶区域半径的说明（适用时）；

（6）委托加工情况（适用时）；

（7）生产管理、质量管理文件目录及 GMP 认证要求的相关文件；

（8）组织机构图、职责说明和技术人员清单；

（9）厂区位置图、平面图、加工车间平面图、产品工艺流程图及工艺说明；

（10）生产经营过程中执行的相关法律、法规和技术规范清单；

（11）产品执行标准目录。产品执行企业标准时，提供加盖当地政府标准化行政主管部门备案印章的产品标准文本；

（12）主要生产、加工设备清单和检验设备清单；

（13）近一年内质量监督、行业主管部门产品检验报告复印件或其他产品符合5.1.1（4）规定的证明材料；

（14）承诺遵守相关法律法规、认证机构要求及提供资料真实性的自我声明；

（15）其他文件。

5.2　认证受理

5.2.1　认证机构应向申请人至少公开以下信息：

（1）认证范围；

（2）认证工作程序；

（3）认证依据；

（4）认证证书样式；

（5）认证收费标准。

5.2.2　申请评审

认证机构应在15个工作日内对申请人提交的申请文件和资料进行评审并保存评审记录，确保：

（1）关于申请人及其GMP的信息充分，可以进行审核；

（2）认证要求已有明确说明并形成文件，且已提供给申请人；

（3）认证机构和申请人之间在理解上的差异得到解决；

（4）认证机构有能力并能够实施认证活动；

（5）考虑了申请的认证范围、运作场所、完成审核需要的时间和任何其他影响认证活动的因素（语言、安全条件、对公正性的威胁等）；

（6）保存了决定实施审核的理由的记录。

5.2.3　评审结果处理

申请材料齐全、符合要求的，予以受理认证申请。

未通过申请评审的，应在10个工作日内书面通知认证申请人在规定时间内补充、完善，或不同意受理认证申请并明示理由。

5.3　审核策划

认证机构应根据乳品企业的规模、生产过程和产品的安全风险程度等因素，对认证全过程进行策划，制订审核方案。

5.3.1　组成审核组

审核组应具备实施乳品企业相应类别产品GMP认证审核的能力。初次认证及跟踪监督审核，审核组应至少由2名审核员组成，且审核组中至少有1名相应类别产品专业审核员。同一审核员不能连续2次在同一生产现场审核时担任审核组组长，不能连续3次对同一生产现场进行审核。

5.3.2　编制审核计划

审核组应编制审核计划，并提前与受审核方就审核计划进行沟通，商定审核日期。

5.3.3　审核时间

应根据受审核方的规模、生产过程和产品的安全风险程度等因素，策划审核时间，以确保审核的充分性和有效性。审核时间不应低于本规则附件1要求。

5.3.4　审核应覆盖申请认证范围内的所有生产场所

当受审核方存在将影响食品安全的重要生产过程采用委托加工等方式进行时，应对委托加工过程实施现场审核。

5.3.5　必要时，为了解受审核方是否已具备实施认证审核的条件，可安排进行初访。

5.4　现场审核

5.4.1　审核目的

通过在受审核方现场进行系统、完整地审核，评价受审核方厂区环境、厂房及设施、设备、机构与人员、卫生管理、生产过程管理、品质管理、标识等是否符合GB 12693《乳制品企业良好生产规范》的要求。

5.4.2 审核程序

（1）首次会议；

（2）现场审核；

（3）审核组内部沟通交流；

（4）与受审核方沟通交流；

（5）末次会议。

5.4.3 审核内容

现场审核应覆盖本规则和认证依据的所有要求。重点应关注（但不限于）以下内容：

（1）与《中华人民共和国食品安全法》、《中华人民共和国乳品质量安全监督管理条例》等食品安全相关适用法律、法规及标准的符合性的情况；

（2）生产资源（包括厂区环境、厂房及设施、生产设备、品质管理设备、人员等）的充分性、适宜性；

（3）对生鲜乳供应监管的有效性（适用时），包括原料基地或协议基地提供的生鲜乳是否与产品生产量相匹配；是否有效查验生鲜乳收购许可证、生鲜乳准运证明及生鲜乳交接单；是否对按标准要求及重点食品安全危害实施生鲜乳原料产品检验并对不合格品实施控制；是否实施了驻奶站的有效的监管措施，是否具备保证生鲜乳食品安全的能力等；

（4）其他原辅料采购过程控制的有效性。审核组应对受审核方对重要原辅料的供方制定和实施的控制措施严格程度及有效性进行审核，确认受审核方是否真正具备保证食品安全的能力；

（5）对生产过程控制的有效性，如杀菌、灭菌、配料、冷藏、冷冻、配方粉的干法混合等生产过程；

（6）产品检验程序的充分性、适宜性；检验活动实施的有效性，如保存检验、保温检查等；

（7）产品可追溯性体系的建立及不合格产品的召回；

（8）人员健康、卫生控制的有效性。

5.4.4　审核方式

应通过现场观察、询问及资料查阅等审核方式实施现场审核。

5.4.5　审核实施

（1）现场审核应安排在认证范围覆盖产品的生产期，审核组应在现场观察该产品的生产活动；

（2）现场审核首次会议应由审核组长主持，确认审核范围、审核目的、审核依据、审核方式、审核日程，宣布检查纪律和注意事项，确定企业的检查陪同人员；对审核中发现的不符合项如实记录，由审核组长组织评价汇总，做出综合评价意见，撰写现场审核报告，提出认证决定推荐性意见；审核报告须经审核组全体人员签字；认证机构应向受审核方提供审核报告；

（3）现场审核未发现不符合项的，现场审核结论为通过；现场审核发现不符合项的，受审核方可以在约定时间内完成整改的，现场审核结论为验证合格后通过；现场审核发现不符合项，但受审核方不能在约定时间内完成整改的，受审核方可在 3 个月内申请现场验证，现场验证应当由审核组成员完成，涉及专业的不符合项应由专业审核员完成验证，现场验证后再给出现场审核结论；受审核方未能在 3 个月内完成整改或未通过验证的，认证活动终止；

（4）审核组在末次会议上向企业通报现场审核情况，受审核方如对现场评价意见及审核发现的问题有不同意见，可做适当解释、说明；

（5）审核中发现的不符合项，须经审核组成员和受审核方负责人签字；如有不能达成共识的问题，审核组须做好记录，经审核组全体成员和受审核方负责人签字。

5.5　抽样验证

必要时，认证机构可通过对认证覆盖范围的产品进行抽样检验，以验证乳品企业 GMP 实施的有效性。

5.6 认证决定

5.6.1 综合评价

认证机构应根据现场审核和抽样验证（必要时）结果，并结合其他有关信息进行综合评价，做出认证决定。审核组成员不得参与认证决定。

符合所有认证要求的，认证机构应颁发认证证书。

不符合认证要求的，认证机构应以书面的形式告知其不能通过认证的原因。

5.6.2 对认证决定的申诉

受审核方如对认证决定有异议，可在 10 个工作日内向认证机构申诉，认证机构自收到申诉之日起，应在 1 个月内进行处理，并将处理结果书面通知申请人。

受审核方认为认证机构行为严重侵害了自身合法权益的，可以直接向国家认监委投诉。

5.7 跟踪监督

5.7.1 跟踪监督方式

认证机构应依法对获证企业实施跟踪调查，包括现场监督审核、产品安全性验证及日常监督。

5.7.2 现场监督审核频次和要求

（1）认证机构应至少每年度对获证乳品企业进行 2 次监督审核，其中至少一次为不通知监督审核；首次监督审核应在初次认证审核后的 6 个月内实施；

（2）审核应在生产期进行，审核组应在现场观察该产品的生产活动。

在获证乳品企业体系发生重大变化或发生食品安全事故时，认证机构应当及时实施监督审核。

5.7.3 不通知监督审核

不通知监督审核可以在审核前 48 小时内向获证乳品企业提

供审核计划，获证乳品企业无正当理由不得拒绝审核。

第一次不接受审核将收到书面告诫，第二次不接受审核将导致证书的暂停。

5.7.4 现场监督审核程序及内容

监督审核程序及内容与初次认证审核相同。监督审核还应重点关注（但不限于）以下内容：

（1）获证乳品企业实施 GMP 的保持和变化情况；

（2）生鲜乳日供应变化情况（适用时）；

（3）重要原、辅料供方及委托加工的变化情况；

（4）产品安全性情况；

（5）顾客投诉及处理；

（6）涉及变更的认证范围；

（7）对上次审核中确定的不符合所采取的纠正措施；

（8）法律法规的遵守情况、质量监督或行业主管部门抽查的结果；

（9）证书的使用。

5.7.5 产品安全性验证

5.7.5.1 验证频次

认证机构应根据认证风险情况实施抽样检验并确定抽检项目。每年度至少对获证乳品企业进行一次证书覆盖范围内产品的抽检。

5.7.5.2 抽样检验

（1）检验样本采用抽样的方式获得。抽样人员应为审核组成员或认证机构指派的人员，样本应当从企业成品仓库或生产线末端的合格品中随机抽取。

（2）产品抽样应与现场监督审核同时进行。特殊情况下，为方便获证乳品企业，产品抽样也可以在现场审核后实施。

（3）至少抽取一个证书覆盖范围内有代表性的产品实施安全卫生指标的检验。检验项目由认证机构根据产品风险予以确定。

（4）在证书有效期内，抽检应涵盖证书覆盖范围内的所有产品。

（5）抽样方法按有关技术规范要求实施。

5.7.5.3　检验机构要求

承担认证检验任务的检验机构应当符合有关法律法规和技术规范规定的资质能力要求，并依据《检测和校准实验室能力的通用要求》（GB/T 15481）获得认可机构的实验室认可。

5.7.6　跟踪监督结果评价

认证机构应依据跟踪监督结果，对获证乳制品企业做出保持、暂停、或撤销其认证资格的决定。

5.7.7　信息通报制度

为确保获证乳品企业 GMP 持续有效，认证机构应与获证乳品企业建立信息通报制度，及时获取获证乳品企业以下信息：

（1）有关产品、工艺、环境、组织机构变化的信息；

（2）生鲜乳、原料乳粉供应变化情况（适用时）；

（3）消费者投诉的信息；

（4）所在区域内发生的有关重大动、植物疫情的信息；

（5）有关食品安全事故的信息；

（6）在主管部门检查或组织的市场抽查中，被发现有严重食品安全问题的有关信息；

（7）不合格产品召回及处理的信息；

（8）其他重要信息。

5.7.8　信息分析

认证机构应对上述信息进行分析，视情况采取相应措施，如增加跟踪监督频次、暂停或撤销认证证书等。

5.8　再认证

认证证书有效期满前 3 个月，可申请再认证。再认证程序与初次认证程序一致。

认证机构应根据再认证审核的结果、认证周期内的评价结果和认证使用方的投诉，做出再认证决定。

5.9 认证范围的变更

5.9.1 获证乳品企业拟变更认证范围时，应向认证机构提出申请，并按认证机构的要求提交相关材料。

5.9.2 认证机构根据获证乳品企业的申请，策划并实施适宜的审核活动，并做出相应认证决定。这些审核活动可单独进行，也可与获证乳品企业的监督审核一起进行。

5.9.3 对于申请扩大认证范围的，必要时，应在审核中验证其产品的安全性。

5.10 认证要求变更

认证要求变更时，认证机构应将认证要求的变化以公开信息的方式告知获证乳品企业，并对认证要求变更的转换安排做出规定。

认证机构应采取适当方式对获证乳品企业实施变更后认证要求的有效性进行验证，确认认证要求变更后获证乳品企业证书的有效性，符合要求可继续使用认证证书。

6 认证证书

6.1 GMP 认证证书有效期为 2 年。认证证书应当符合相关法律、法规要求。认证证书应涵盖以下基本信息（但不限于）：

（1）证书编号；

（2）企业名称、地址；

（3）证书覆盖范围（含产品生产场所、生产车间等信息）；

（4）认证依据；

（5）颁证日期、证书有效期；

（6）发证机构名称、地址。

6.2 认证证书的管理

认证机构应当对获证乳品企业认证证书使用的情况进行有效管理。

6.2.1 认证证书的暂停

获证乳品企业有下列情形之一的，认证机构应当暂停其使用认证证书，暂停期限为 3 个月。

（1）获证乳品企业未按规定使用认证证书的；

（2）获证乳品企业违反认证机构要求的；

（3）获证乳品企业发生食品安全卫生事故；质量监督或行业主管部门抽查不合格等情况，尚不需立即撤销认证证书的；

（4）监督结果证明获证乳品企业 GMP 或相关产品不符合认证依据、相关产品标准要求，不需要立即撤销认证证书的；

（5）获证乳品企业未能按规定间隔期实施跟踪监督的；

（6）获证乳品企业未按要求通报信息的；

（7）获证乳品企业与认证机构双方同意暂停认证资格的。

6.2.2 认证证书的撤销

获证乳品企业有下列情形之一的，认证机构应当撤销其认证证书。对于被撤销认证证书的企业，认证机构 6 个月内不应受理该企业同一认证范围 GMP 认证的申请。

（1）跟踪监督结果证明获证乳品企业 GMP 或相关产品不符合认证依据或相关产品标准要求，需要立即撤销认证证书的；

（2）认证证书暂停使用期间，获证乳品企业未采取有效纠正措施的；

（3）获证乳品企业不再生产获证范围内产品的；

（4）获证乳品企业申请撤销认证证书的；

（5）获证乳品企业出现严重食品安全事故或对相关方重大投诉不采取处理措施的；

（6）获证乳品企业不接受相关监管部门或认证机构对其实施监督的。

6.2.3 认证机构间认证证书的转换

获证乳品企业因产品质量安全问题处于认证机构的处置期中的，不得转换认证机构，除非做出处置决定的认证机构已确认获证乳品企业已实施有效的纠正和纠正措施。

认证机构被撤销批准资格后，持有该机构有效认证证书的获证乳品企业，可以向经国家认监委的认证机构转换认证证书；受理证书转换的认证机构应该按照规定程序进行转换，并将转换结果报告国家认监委。

7　信息报告

认证机构应当按照要求及时将下列信息通报相关政府监管部门：

（1）认证机构在对企业现场进行认证现场审核时，应当提前5个工作日书面通报企业所在地省级质检部门认证监管机构；

（2）认证机构应当在10个工作日内将撤销、暂停、注销证书的乳品企业名单和原因以书面形式，向国家认监委和企业所在地的省级质量监督、检验检疫、工商行政管理、食品药品监督管理部门报告，并向社会进行了公布；

（3）认证机构在获知获证乳品企业发生食品安全事故后，应当及时将相关信息向国家认监委和企业所在地的省级质量监督、检验检疫、工商行政管理、食品药品监督管理部门通报；

（4）认证机构应当通过国家认监委指定的信息系统，按要求报送认证信息；报送内容包括：获证乳品企业、证书覆盖范围、审核报告、证书发放、暂停和撤销等方面的信息；

（5）认证机构应当于每年3月底之前将上一年度GMP认证工作报告报送国家认监委，报告内容包括：颁证数量、获证乳品企业质量分析、暂停和撤销认证证书清单及原因分析等。

8　认证收费

GMP认证应按照《国家计委　国家质量技术监督局　关于印发〈质量体系认证收费标准〉的通知》（计价格［1999］212号）有关规定，收取认证费用。

根据《中华人民共和国食品安全法》第三十三条规定，认证机构实施跟踪调查不收取任何费用。

附件 1：乳制品生产企业 GMP 认证现场审核时间表

职工总数	初次认证现场审核人日数	跟踪监督现场审核人日数
100 以下	3	1.5
100～200	4	2
200 以上	5	3

注：以上人日数仅为一个生产场所 GMP 的审核人日数表。

四、乳制品生产企业危害分析与关键控制点（HACCP）体系认证实施规则（试行）

2009—3 发布

2009—6 实施

中国国家认证认可监督管理委员会发布

1 目的、范围与责任

1.1 为规范乳制品生产企业（以下简称乳品企业）危害分析与关键控制点（HACCP）体系认证（以下简称 HACCP 认证）工作，促进乳品企业质量安全自控能力的提高，根据《中华人民共和国食品安全法》、《中华人民共和国乳品质量安全监督管理条例》、《中华人民共和国认证认可条例》、《食品生产企业危害分析与关键控制点（HACCP）体系认证管理规定》有关规定，制定本规则。

1.2 本规则规定了从事乳品企业 HACCP 认证的认证机构（以下简称认证机构）实施乳品企业 HACCP 认证的程序与管理的基本要求，是认证机构从事乳品企业 HACCP 认证活动的基本依据。

1.3 认证机构和认证人员遵守本规则的规定，并不意味着可免除其所承担的法律责任。认证机构和认证人员应依据《中华人民共和国食品安全法》、《中华人民共和国乳品质量安全监督管理条例》、《中华人民共和国认证认可条例》等相关法律、法规的规定，承担所涉及的认证责任。

2　认证机构要求

2.1　认证机构应当依法设立，具有《中华人民共和国认证认可条例》规定的基本条件和从事乳品企业 HACCP 认证的技术能力，并获得国家认证认可监督管理委员会（以下简称国家认监委）批准。

2.2　认证机构应在获得国家认监委批准后的 12 个月内，向国家认监委提交其实施乳品企业 HACCP 认证活动符合 GB/T22003《食品安全管理体系　审核与认证机构要求》的证明文件，否则撤销其乳品企业 HACCP 认证批准资质。认证机构在未取得相关证明文件前，只能颁发不超过 10 张该认证范围的认证证书。

3　认证人员要求

3.1　认证审核员应按照《中华人民共和国认证认可条例》、《认证及认证培训、咨询人员管理办法》有关规定取得中国认证认可协会的执业注册。中国认证认可协会应对认证审核人员的专业能力进行评估。

3.2　认证审核员应当具备实施乳品企业危害分析，按标准要求实施乳品企业 HACCP 认证活动的能力。认证机构应对本机构的认证审核员的能力做出评价，以满足实施乳品企业相应类别产品 HACCP 认证活动的需要。

4　认证依据

GB/T 27341　《危害分析与关键控制点体系　食品生产企业通用要求》；

GB/T 27342　《危害分析与关键控制点体系　乳制品生产企业要求》；

GB 12693　《乳制品企业良好生产规范》。

5 认证程序

5.1 认证申请

5.1.1 申请人应具备以下条件：

（1）取得国家工商行政管理部门或有关机构注册登记的法人资格（或其组成部分）；

（2）取得相关法规规定的行政许可文件（适用时）；

（3）产品标准符合《中华人民共和国标准化法》规定；

（4）生产经营的产品符合中华人民共和国相关法律、法规、食品安全标准和有关技术规范的要求；

（5）按照本规则规定的认证依据，建立和实施了文件化的HACCP体系，且体系有效运行3个月以上。

5.1.2 申请人应提交的文件和资料：

（1）认证申请；

（2）法律地位证明文件复印件；

（3）有关法规规定的行政许可文件复印件（适用时）；

（4）组织机构代码证书复印件；

（5）HACCP体系文件；

（6）组织机构图、职责说明和技术人员清单；

（7）厂区位置图、平面图；加工车间平面图；产品描述；生产、加工工艺流程图、工艺描述；

（8）生产经营过程中执行的相关法律、法规和技术规范清单；

（9）产品执行标准目录。产品执行企业标准时，提供加盖当地政府标准化行政主管部门备案印章的产品标准文本；

（10）生产、加工主要设备清单和检验设备清单；

（11）生鲜乳日供应与企业日加工能力情况及最大收奶区域半径的说明（适用时）；

（12）委托加工情况（适用时）；

（13）近一年内质量监督、行业主管部门产品检验报告复印件或其他产品符合 5.1.1（4）规定的证明材料；

（14）承诺遵守法律法规、认证机构要求及提供材料真实性的自我声明；

（15）其他文件。

5.2　认证受理

5.2.1　认证机构应向申请人至少公开以下信息：

（1）认证范围；

（2）认证工作程序；

（3）认证依据；

（4）证书有效期；

（5）认证收费标准。

5.2.2　申请评审

认证机构应在 15 个工作日内对申请人提交的申请文件和资料进行评审并保存评审记录，确保：

（1）关于申请人及其体系管理的信息充分，可以进行审核；

（2）认证要求已有明确说明并形成文件，且已提供给申请人；

（3）认证机构和申请人之间在理解上的差异得到解决；

（4）认证机构有能力并能够实施认证活动；

（5）考虑了申请的认证范围、运作场所、完成审核需要的时间和任何其他影响认证活动的因素（语言、安全条件、对公正性的威胁等）；

（6）保存了决定实施审核的理由的记录。

5.2.3　评审结果处理

申请材料齐全、符合要求的，予以受理认证申请。

未通过申请评审的，应在 10 个工作日内书面通知认证申请人在规定时间内补充、完善，或不同意受理认证申请并明示理由。

5.3　初次认证审核

认证机构应根据乳品企业的规模、生产过程和产品的安全风险程度等因素，对认证审核全过程进行策划，制订审核方案。

HACCP 认证初次认证审核应分两个阶段实施：第一阶段和第二阶段。

5.3.1　第一阶段审核

第一阶段审核的目的是调查申请人是否已具备实施认证审核的条件，第一阶段审核应关注但不限于以下方面内容：

（1）收集关于受审核方的 HACCP 体系范围、过程和场所的必要信息，以及相关的法律法规要求和遵守情况；

（2）充分识别委托加工等生产活动对食品安全的影响程度；

（3）了解受审核方对认证标准要求的理解，审核受审核方的 HACCP 体系文件；文件审核应重点评价受审核方编制的体系文件是否适合该企业及申请认证产品的特点；

文件审核应重点关注：是否制定了对委托加工等外包过程的控制要求，控制措施的严格程度是否适宜；审核受审核方制订的前提计划是否考虑了产品及生产特点，内容是否充分，包含了必需的管理要求；食品安全危害识别是否充分，危害分析是否科学合理；关键控制点、关键限值的确定是否科学并有相关支持性证据；关键控制点的监控措施是否明确，有可操作性；确定的显著食品安全危害是否制定了有可操作性的预防措施；关键控制点的验证活动规定的是否明确，是否具备验证相应食品安全危害得以有效控制的作用。

审核员应在了解受审核方基本情况的前提下，对受审核方认证范围内产品进行危害分析，编制 HACCP 计划表，并与受审核方编制的体系文件进行比对，与受审核方沟通并达成共识。

（4）充分了解受审核方的 HACCP 体系和现场运作，评价受审核方的运作场所和现场的具体情况及体系的实施程度，确认受审核方是否已为第二阶段审核做好准备，并与受审核方商定第二阶段审核的细节，明确审核范围，为策划第二阶段审核提供关注点。

第一阶段审核活动一般应包括对受审核方的生产或加工场所的审核。当不在受审核方生产或加工场所实施一阶段审核时，认证机构应有充分的理由说明第一阶段审核实施的有效性。

应告知受审核方第一阶段的审核结果可能导致推迟或取消第二阶段审核。

5.3.2　第二阶段审核

第二阶段审核的目的是评价受审核方 HACCP 体系实施的符合性和有效性。

第二阶段审核应在具备实施认证审核的条件下进行，第一阶段审核提出的影响实施第二阶段审核的问题应在第二阶段审核前得到解决。

第二阶段审核应在受审核方的现场进行，应重点关注但不限于以下方面内容：

（1）与《中华人民共和国食品安全法》、《中华人民共和国乳品质量安全监督管理条例》等适用法律、法规及标准的符合性；

（2）HACCP 体系实施的有效性，包括 HACCP 计划与前提计划的实施，对产品安全危害的控制能力；

（3）生鲜乳、其他原辅料、直接接触乳制品的包装材料食品安全危害的识别和控制的有效性；食品添加剂、冷藏、清洗消毒控制的有效性；

（4）受审核方对生鲜乳、原料乳粉等原辅料的供方制定和实施的控制措施严格程度及有效性，确认受审核方是否真正具备保证食品安全达到可接受水平的能力；

（5）产品可追溯性体系的建立及不合格产品的召回；

（6）食品安全验证活动安排的有效性及食品安全状况。

对于第一阶段审核的 HACCP 体系的部分，如果审核完整、有效，符合要求，并确保 HACCP 体系已审核的部分持续符合认证要求，第二阶段可以不对其再次审核。第二阶段的审核报告应包含第一阶段审核中的审核发现，并且应清楚地表述第一阶段审核已经确立的符合性。

第一阶段和第二阶段审核的间隔应不超过 6 个月。如果超过 6 个月，应重新实施第一阶段审核。

5.3.3 审核时间

认证机构应制定确定审核时间的程序文件。认证机构应根据受审核方的规模、审核范围、生产过程和产品的安全风险程度等因素，策划审核时间，确保审核的充分性和有效性。审核时间不应低于附件 1 要求。

5.4 审核的策划和实施

5.4.1 组成审核组。审核组应具备实施乳品企业相应类别产品 HACCP 认证审核的能力。审核组中至少有 1 名相应类别产品专业审核员。同一审核员不能连续两次在同一生产现场审核时担任审核组组长，不能连续 3 次对同一生产现场实施认证审核。第一、二阶段审核组组长宜为同 1 人，第二阶段审核组中至少应包含 1 名第一阶段审核员。初次认证审核组至少由 2 名审核员组成。

5.4.2 审核通知应于现场审核前告知受审核方。认证机构应向受审核方提供审核组每位成员的姓名。并在受审核方请求时使其能够了解每位成员的背景情况。受审核方对审核组的组成提出异议且合理时，认证机构应调整审核组。

5.4.3 审核组长应提前与受审核方就审核事宜进行沟通，商定审核日期。审核组长应为每次审核编制审核计划，并经认证机构批准。

5.4.4 现场审核应安排在审核范围覆盖产品的生产期，审核组应在现场观察该产品的生产活动。

5.4.5 当受审核方体系覆盖了多个地点进行的相同活动时，认证机构应对每一生产场所实施现场认证审核，以确保审核的有效性。当受审核方存在将影响食品安全的重要生产过程采用委托加工等方式进行时，应对委托加工过程实施现场审核。

5.4.6 对于审核中发现的不符合，认证机构应要求受审核方在规定的期限内分析原因，并说明为消除不符合已采取或拟采取的具体纠正和纠正措施。认证机构应审查受审核方提交的纠正和纠正措施，以确定其是否可被接受。受审核方对不符合采取纠正和纠正措施的时间不得超过3个月。

5.4.7 审核组应对在第一阶段和第二阶段审核中收集的所有信息和证据进行分析，以评审审核发现并就审核结论达成一致。

5.4.8 审核组应为每次审核编写书面审核报告，认证机构应向受审核方提供审核报告。

5.4.9 产品安全性验证

为验证乳制品安全危害水平在确定的可接受水平之内，HACCP计划和前提计划得以实施且有效，特别是乳制品的安全状况等情况，适用时，在现场审核或相关过程中可采取对申请认证范围覆盖的乳制品进行抽样检验的方法验证产品的安全性。认证机构可根据有关指南、标准、规范或相关要求策划抽样检验活动。

抽样检验可采用以下3种方式：

（1）委托具备相应能力的检验机构完成；

（2）在具备能力的情况下，可由现场审核人员利用申请人的检验设施完成；

（3）由现场审核人员确认由其他检验机构出具的检验结果的方式完成。

当采用确认由其他检验机构出具检验结果的方式完成验证时，应满足以下条件：

（1）出具检验报告的检验机构应当符合有关法律法规和技术规范规定的资质能力要求，并依据《检测和校准实验室能力的通用要求》（GB/T 15481）获得实验室认可；

（2）检验项目应当包括认证机构确定的产品安全卫生指标；

（3）检验报告的签发日期为最近6个月内。

5.5 认证决定

5.5.1 综合评价

认证机构应根据审核过程中收集的信息和其他有关信息，包括产品的实际乳制品安全状况验证结果进行综合评价，做出认证决定。审核组成员不得参与认证决定。

对于符合认证要求的受审核方，认证机构可颁发认证证书。

对于不符合认证要求的受审核方，认证机构应以书面的形式告知其不能通过认证的原因。

5.5.2 对认证决定的申诉

受审核方如对认证决定有异议，可在10个工作日内向认证机构申诉，认证机构自收到申诉之日起，应在1个月内进行处理，并将处理结果书面通知申请人。

受审核方认为认证机构行为严重侵害了自身合法权益的，可以直接向国家认监委投诉。

5.6 跟踪监督

5.6.1 跟踪监督活动

认证机构应依法对获证企业实施跟踪调查，包括现场监督审核、日常监督等。

5.6.2 监督审核

5.6.2.1 认证机构应根据获证乳品企业及体系覆盖产品的风险，合理确定监督审核的时间间隔或频次。当体系发生重大变化或发生食品安全事故时，认证机构视情况可增加监督审核的频次。

5.6.2.2 初次审核后的第一次监督审核应在第二阶段审核最后1天起12个月内实施。监督审核的间隔不超过12个月，并应在生产状态下进行。每次监督审核应尽可能覆盖HACCP体系认证范围内的所有产品。由于产品生产期的原因，在每次监督审核时难以覆盖所有产品的，在认证证书有效期内的监督审核必须覆盖HACCP体系认证范围内的所有产品。

5.6.2.3　监督审核应包括但不限于以下内容：

（1）体系变化和保持情况；

（2）生鲜乳日供应变化情况（适用时）；

（3）重要原、辅料供方及委托加工的变化情况；

（4）产品安全性情况；

（5）顾客投诉及处理；

（6）涉及变更的认证范围；

（7）对上次审核中确定的不符合所采取的纠正措施；

（8）法律法规的遵守情况、质量监督或行业主管部门抽查的结果；

（9）证书的使用。

5.6.2.4　必要时，监督审核应对产品的安全性进行验证。验证要求见5.4.9。

5.6.3　监督结果评价

认证机构应依据跟踪监督结果，对获证乳制品企业作出保持、暂停、或撤销其认证资格的决定。

5.6.4　信息通报制度

为确保获证乳品企业的HACCP体系持续有效，认证机构应要求与获证乳品企业建立信息通报制度，以及时获取获证乳品企业以下信息：

（1）有关法律地位、经营状况、组织状态或所有权；组织和管理层；联系地址和场所；获证管理体系覆盖的运作范围；管理体系和过程的重大变更，包括产品、工艺、关键的管理、决策或技术人员等的发生重大变化的信息；

（2）生鲜乳、原料乳粉供应变化情况（适用时）；

（3）消费者投诉的信息；

（4）所在区域内发生的有关重大动、植物疫情的信息；

（5）有关食品安全事故的信息；

（6）在主管部门检查或组织的市场抽查中，被发现有严重食品安全问题的有关信息；

（7）不合格品召回及处理的信息；

（8）其他重要信息。

5.6.5　信息分析

认证机构应对上述信息进行分析，视情况采取相应措施，如增加监督审核频次、暂停或撤销认证资格等。

5.7　再认证

认证证书有效期满前3个月，可申请再认证。再认证程序与初次认证程序一致，但可不进行第一阶段现场审核。当体系或运作环境（如法律法规、食品安全标准等）有重大变更，并经评价需要时，再认证需实施第一阶段审核。

认证机构应根据再认证审核的结果，以及认证周期内的体系评价结果和认证使用方的投诉，做出再认证决定。

5.8　认证范围的变更

5.8.1　获证乳品企业拟变更认证范围时，应向认证机构提出申请，并按认证机构的要求提交相关材料。

5.8.2　认证机构应根据获证乳品企业的申请进行评审，策划并实施适宜的审核活动，并按照5.5的规定要求做出认证决定。这些审核活动可单独进行，也可与获证乳品企业的监督审核或再认证一起进行。

5.8.3　对于申请扩大认证范围的，必要时，应在审核中验证其产品的安全性。

5.9　认证要求变更

认证要求变更时，认证机构应将认证要求的变化以公开信息的方式告知获证乳品企业，并对认证要求变更的转换安排做出规定。

认证机构应采取适当方式对获证乳品企业实施变更后认证要求的有效性进行验证，确认认证要求变更后获证乳品企业证书的有效性，符合要求可继续使用认证证书。

6 认证证书

6.1 认证证书有效期

HACCP 认证证书有效期为 2 年。认证证书应当符合相关法律、法规要求。认证证书应涵盖以下基本信息（但不限于）：

（1）证书编号；

（2）企业名称、地址；

（3）证书覆盖范围（含产品生产场所、生产车间等信息）；

（4）认证依据；

（5）颁证日期、证书有效期；

（6）认证机构名称、地址。

6.2 认证证书的管理

认证机构应当对获证乳品企业认证证书使用的情况进行有效管理。

6.2.1 认证证书的暂停

有下列情形之一的，认证机构应当暂停其使用认证证书，暂停期限为 3 个月：

（1）获证乳品企业未按规定使用认证证书的；

（2）获证乳品企业违反认证机构要求的；

（3）获证乳品企业发生食品安全卫生事故；质量监督或行业主管部门抽查不合格等情况，尚不需立即撤销认证证书的；

（4）监督结果证明获证乳品企业 HACCP 体系或相关产品不符合认证依据、相关产品标准要求，不需要立即撤销认证证书的；

（5）获证乳品企业未能按规定间隔期实施监督审核的；

（6）获证乳品企业未按要求对信息进行通报的；

（7）获证乳品企业与认证机构双方同意暂停认证资格的。

6.2.2 认证证书的撤销

有下列情形之一的，认证机构应当撤销其认证证书：

（1）监督结果证明获证乳品企业 HACCP 体系或相关产品不

符合认证依据或相关产品标准要求，需要立即撤销认证证书的；

（2）认证证书暂停期间，获证乳品企业未采取有效纠正措施的；

（3）获证乳品企业不再生产获证范围内产品的；

（4）获证乳品企业申请撤销认证证书的；

（5）获证乳品企业出现严重食品安全卫生事故或对相关方重大投诉未能采取有效处理措施的；

（6）获证乳品企业不接受相关监管部门或认证机构对其实施监督的。

6.2.3 认证机构间认证证书的转换

获证乳品企业还在认证机构的处置过程中的，不得转换认证机构，除非做出处置决定的认证机构已确认获证乳品企业已实施有效的纠正和纠正措施。

认证机构被撤销批准资格后，持有该机构有效认证证书的获证乳品企业，可以向经国家认监委批准的认证机构转换认证证书；受理证书转换的认证机构应该按照规定程序进行转换，并将转换结果报告国家认监委。

7 信息报告

认证机构应当按照要求及时将下列信息通报相关政府监管部门：

（1）认证机构在对企业现场进行认证现场审核时，应当提前5日书面通报企业所在地的省级质检部门认证监管机构；

（2）认证机构应当在10个工作日内将撤销、暂停、注销认证证书的乳品企业名单和原因，以书面形式向国家认监委和企业所在地的省级质量监督、检验检疫、工商行政管理、食品药品监督管理部门报告，并向社会公布；

（3）认证机构在获知获证乳品企业发生食品安全事故后，应当及时将相关信息向国家认监委和企业所在地的省级质量监督、工商行政管理、食品药品监督管理部门通报；

(4) 认证机构应当通过国家认监委指定的信息系统，按要求报送认证信息；报送内容包括：获证乳品企业、证书覆盖范围、审核报告、证书发放、暂停和撤销等方面的信息；

(5) 认证机构应当于每年3月底之前将上一年度HACCP认证工作报告报送国家认监委，报告内容包括：颁证数量、获证乳品企业质量分析、暂停和撤销认证证书清单及原因分析等。

8 认证收费

HACCP认证应按照《国家计委 国家质量技术监督局 关于印发〈质量体系认证收费标准〉的通知》(计价格［1999］212号）有关规定，收取认证费用。

根据《中华人民共和国食品安全法》第三十三条规定，认证机构实施跟踪调查不收取任何费用。

附件1：乳制品生产企业HACCP体系认证现场审核时间表

职工总数	初次认证现场审核人日数	跟踪监督现场审核人日数
100以下	4	2
100～200	5	3
200以上	6	4

注：以上人日数仅为一个生产场所HACCP体系的审核人日数表。

附录四 北京乳品企业成长性研究调查问卷

问卷和表格编号＿＿＿＿＿＿

区（县）＿＿＿＿街道（乡、镇）＿＿＿＿社区（村）＿＿＿＿

被访者姓名＿＿＿＿联系电话＿＿＿＿填表时间＿＿＿＿＿＿

第一部分：企业及法人基本情况

1. 法人年龄是

□1 30岁以下 □2 30～39岁 □3 40～49岁

□4 50～59岁 □5 60岁以上

2. 法人最高学历是

□1 小学及以下 □2 初中 □3 高中（中专）

□4 大学（本专科） □5 硕士及以上

3. 企业名称＿＿＿＿＿企业的占地面积＿＿＿＿亩

企业性质：□1 上市 □2 非上市

4. 企业生产经营活动的资金，主要来源是（可多选）

□1 自有资金 □2 银行信用社贷款 □3 私人借款

□4 政府扶持基金 □5 专项项目

□6 其他来源＿＿＿＿

5. 该乳品企业的投入产出比是多少

2009年	2010年	2011年	2012年	2013年

第二部分：乳品企业生产运营情况

1. 企业中员工总人数＿＿＿＿人，其中：普通职工＿＿＿＿

人，技术人员________人；管理者________人。

2. 企业员工受教育水平

本科及以上学历的有________人，专科学历________人，专科以下________人。

3. 企业生产的产品类型（可多选）

□1 液态奶　□2 发酵奶　□3 乳粉　□4 干酪
□5 炼乳　□6 冰淇淋　□7 传统乳制品
□8 奶油　□9 含乳饮料　□10 其他________

4. 企业收购奶源的渠道（可多选）

□1 自建牧场　□2 奶联社　□3 合作牧场
□4 规模化农场　□5 大股东旗下牧场
□6 来自奶站　□7 散养农户　□8 其他________

5. 奶源基地管理类型

□1 养殖专业户、养殖小区或国营奶牛场与乳品企业之间的短期交易

□2 养殖专业户、养殖小区或国营奶牛场与乳品企业之间的长期交易

□3 乳品企业一体化下的原料奶生产与乳品加工

□4 其他________________

6. 该乳品企业与奶站是否有合约关系

□1 是　□2 否

7. 该乳品企业与奶站建立合约期限为（年/月）

8. 企业规模（单位：万元/万吨）

项目	2010 年	2011 年	2012 年	2013 年
液体乳总产值				
乳粉总产值				
其他乳制品总产值				

（续）

项目	2010年	2011年	2012年	2013年
液体乳加工量（实际加工量）				
乳粉加工量				
其他乳制品加工量				
产能				

9. 科研创新能力（单位：万元/万吨）

项目	2010年	2011年	2012年	2013年
科研经费				
新产品研发数量				
总产品数量				

10. 是否有乳制品在线检测

□1 是　　□2 否

11. 物流配送能力

（1）是否有自己的配送中心

□1 是　　□2 否

（2）是否有自己的配送车辆

□1 是　　□2 否

（3）有几辆配送车__________配送车的规模是多大____________

12. 该乳品企业的产品覆盖的省份及销售量（单位：万吨）

地区	2010年销售量	2011年销售量	2012年销售量	2013年销售量
北京				
省1：				

（续）

地区	2010 年销售量	2011 年销售量	2012 年销售量	2013 年销售量
省 2：				
省 3：				
省 4：				
省 5：				

13. 该乳品企业产品的市场占有率是多少（单位：%）

2009 年	2010 年	2011 年	2012 年	2013 年

14. 该乳品企业的销售终端及年销售量（单位：万吨）

项目	2010 年	2011 年	2012 年	2013 年
酒店销售量				
餐厅销售量				
超市销售量				
食品加工厂销售量				
小商店销售量				
送往学校				
到户奶				
其他（请注明）				

15. 政府给予该乳品企业哪种政策的支持

16. 政府每年对该乳品企业的政策资金扶持多少（单位：万元）

2008 年	2009 年	2010 年	2011 年	2012 年	2013 年

17. 该企业危机处理机构部门是如何处理危机事件的

18. 近几年危机事件发生次数（单位：次）

2008 年	2009 年	2010 年	2011 年	2012 年	2013 年

19. 危机事件的处理效果

□1 形成了解决问题的对策

□2 与媒体建立了良好的关系

□3 重新建立了安全、健康、诚信的企业正面形象

□4 其他____________

第三部分：财务数据（单位：万元）

项目	2010 年	2011 年	2012 年	2013 年
应收账款				
存货				
流动资产				
固定资产				
资产总额				
流动负债				
负债总额				
主营业务收入（销售收入）				
销售收入净额				
主营业务成本				
营业利润				
财务费用				
利润总额				
净利润				

第四部分：专家打分

定性指标	第一档（90～100分）		第二档（80～90分）		第三档（70～80分）		第四档（60～70分）		第五档（60分以下）	
	要求	得分	要求	得分	要求	得分	要求	得分	要求	得分
市场占有率	乳制品在北京27家乳品企业中市场占有率排名前3，产品产销率能达到90%以上		乳制品在北京27家乳品企业中市场占有率排名前5，产品产销率能达到80%以上		乳制品在北京27家乳品企业中市场占有率排名前10，产品产销率能达到70%以上		乳制品在北京27家乳品企业中市场占有率排名前20，产品产销率能达到60%以上		乳制品在北京27家乳品企业中市场占有率排名后10，产品产销率低于60%	
企业家的创新性	富有先进的经营理念，积极创新，在进行决策时总能有科学的论证，工作业绩非常突出		经营理念较先进，有一定的创新能力，在进行决策时大部分有科学的论证，工作业绩突出		经营理念有时先进，有时候能创新，在进行决策时能有较为科学的论证，工作业绩较好		经营理念偶尔先进，偶尔有创新，在进行经营决策时有一般的较为合理的论证，工作业绩一般		经营理念落后，没有创新能力，在进行决策时没有经过思考、论证，工作业绩差	
企业家的协作进取能力	企业家十分重视团队协作能力，有强大的进取心		企业家比较重视团队协作能力，能够积极进取		企业家能够重视团队协作，有时积极进取		企业家偶尔关注协作能力，偶尔进取		企业家不重视团队协作，缺乏积极进取的精神	
到货及时性	非常及时		比较及时		及时性一般		偶尔不及时		经常不及时	
数量准确性	非常准确		比较准确		准确度一般		偶尔不准确		经常不准确	
产品完好率	非常完好		比较完好		完好率一般		完好率较低		完好率差	

（续）

定性指标	第一档（90～100 分）		第二档（80～90 分）		第三档（70～80 分）		第四档（60～70 分）		第五档（60 分以下）	
	要求	得分	要求	得分	要求	得分	要求	得分	要求	得分
产品稳定性	非常稳定		比较稳定		稳定性一般		稳定性较差		稳定性很差	
产品新鲜度	乳品非常新鲜，当天生产，当天送出		乳品较为新鲜，当天生产，隔天送出		乳品新鲜度一般，当天生产，第二天以后送出		乳品不太新鲜，当天生产，四五天以后送出		乳品很不新鲜，当天生产，积压很久都没有送出	
产品质量投诉率	0%～2%		2%～5%		5%～10%		10%～20%		20%以上	
新品整体设计	非常好		比较好		一般		不太好		差	
市场对新品的反应	非常满意		较为满意		一般		不太满意		很不满意	
政策的有利性	国家大力支持乳品行业的发展，地方政府对当地的乳品企业有很多政策性和资金上的扶持		国家支持乳品行业的发展，地方政府对当地的乳品企业有政策性和资金上的扶持		国家支持乳品行业的发展，地方政府对当地的乳品企业有少部分的资金扶持		国家支持乳品行业的发展，但地方政府对当地的乳品企业没有任何政策性和资金扶持		国家不支持乳品行业的发展，地方政府对当地的乳品企业没有任何扶持	
经济环境的支持力	企业所在的地区经济发展良好，人均工资水平高		企业所在的地区经济发展较好，人均工资水平较高		企业所在的地区经济发展一般，人均工资水平一般		企业所在的地区经济发展不好，人均工资水平低		企业所在的地区经济发展差，人均工资水平很低	

（续）

定性指标	第一档（90～100分）		第二档（80～90分）		第三档（70～80分）		第四档（60～70分）		第五档（60分以下）	
	要求	得分	要求	得分	要求	得分	要求	得分	要求	得分
竞争程度级别	乳品行业的竞争度很低		乳品行业的竞争度较低		乳品行业的竞争度一般		乳品行业的竞争度强		乳品行业的竞争度很强	
客户满意度	服务态度很好、十分认真，在消费者中有很高的口碑		服务态度好，在消费者中有好的口碑		服务态度较好，在消费者中有一定的口碑		服务态度一般，消费者能够认同		服务态度差，消费者不认同，有抵制消费倾向	
品牌知名度	该乳品的品牌知名度十分高		该乳品的品牌知名度较高		该乳品的品牌知名度一般		该乳品的品牌知名度较低		该乳品的品牌知名度差	

第五部分：开放性部分

1. 奶源安全方面遇到的问题

2. 企业的成长遇到什么困难

3. 企业今后的发展目标是什么

4. 企业发展希望政府搭建的平台政策

参　考　文　献

[1] Penrose E T. The theory of the Growth of the Firm [M]. Oxford: Oxford University press, 1959.

[2] Larry E. Greiner. Evolution and revolution as Organization grow [J]. Harvard Business Review, 1972.

[3] 杨杜．企业成长论 [M]. 北京：中国人民大学出版社，1995.

[4] 陈晓燕，沈思玮．成长性企业财务特征研究 [J]. 科学技术与工程，2008 (12).

[5] 毛定祥．基于时序立体数据表的上市公司成长性综合评价 [J]. 科学技术与工程，2008 (12).

[6] 郭蕊．企业可持续成长能力的关键维度及分析模型 [J]. 科学与科学技术管理，2005 (11).

[7] Beck Thorsten, Demirguc Kunt, Asli Maksimovice. Financial and Legal Constraints to Firm Growth: Does Size Matter [R]. Working Papers, 2002 (2).

[8] Eugene Sadler Smith, David P. Spicer, Ian Chaston. Learning Orientation and Growth in Smaller Firms [J]. Long Range Planning, 2001 (4).

[9] John Gill. Factor Affecting the Survival and Growth of Smaller Company [M]. Gower Publishing Company Ltd, 1985.

[10] 朱彦杰. 中小企业成长性评价及实证研究 [J]. 科技和产业，2012 (11).

[11] 陈爱成．层次分析法在中小企业成长性分析中的运用 [J]. 经管空间，2012 (1).

[12] 马璐，胡江娴. 企业成长性分析与评价 [J]. 商业研究，2005 (7).

[13] 汪强. 从成长性分析看企业成长模型研究 [J]. 现代会计，2003

(2).

[14] 杨雯，王媚，杨静. 基于平衡计分卡的企业成长性因素判定 [J]. 会计之友，2012 (6).

[15] 刘曜，史爽. 中小板上市公司成长性影响因素的验证分析 [J]. 统计与决策，2011 (1).

[16] 谢军. 企业成长性的因素分析：来自上市公司的证据 [J]. 经济管理，2005 (10).

[17] Peter E Hart，Nicholas Oulton. Growth and Size of Firms [J]. Economic Journal，1996 (9).

[18] Per Davidsson，Frederic Delmar，William B Gartner. Arriving at the High growth Firm [J]. Journal of Business Venturing，2003 (3).

[19] 钱佩华. 中小企业板上市公司成长性指标体系的构建 [J]. 科技信息，2013 (3).

[20] 赖国毅. 企业成长性识别与预测——基于 Logistic 函数的经验数据 [J]. 科技信息，2013 (3).

[21] 周春香，董观志. 旅游上市公司成长性综合评价研究 [J]. 旅游论坛，2010 (6).

[22] 于旭，贺璐，周向前，等. 基于 α 法的企业成长性评价模型研究 [J]. 旅游论坛，2010 (6).

[23] 周志丹. 成长型高新技术企业的成长性评估研究 [J]. 评价与管理，2010 (3).

[24] 张同健，简传红. 我国核心竞争力成长性实证研究 [J]. 绵阳师范学院学报，2008 (3).

[25] 陈晓红，佘坚，周颖. 市场波动性与中小上市公司成长性评价 [J]. 证券市场导报，2007 (5).

[26] 王琦，封彦. 考虑信用风险的中小上市公司成长性评价研究 [J]. 财经理论与实践，2008 (5).

[27] 朱彦杰. 中小企业成长性指标体系构建及评价方法研究 [J]. 经营与管理，2012 (9).

[28] KaKati M. Success criteria in high-tech new ventures [J]. Technovation，2003 (3).

[29] 刘倩. 基于主成分聚类分析的中小企业成长性研究 [J]. 企业管

理，2011（6）.

[30] 李晓非，赵祥，高俊山. 基于因子分析的高技术企业成长性特征研究 [J]. 统计与信息论坛，2008（9）.

[31] 沈虹言. 企业成长性与创新能力研究 [J]. 安徽工业大学学报，2011（7）.

[32] 鲍新中，李晓非. 基于时序数据的高技术企业成长性分析 [J]. 统计与信息论坛，2008（9）.

[33] 何奕佳. AHP层次分析法在企业成长性综合评价中的应用 [J]. 企业与管理，2008（3）.

[34] 程海峰，吕道明. 基于层次分析的企业成长性评价模型 [J]. 理论新探，2005（9）.

[35] 陈晓兰，刘建冰，毕晓霞. 基于AHP法的山东省中小企业成长性评价研究 [J]. 山东财政学报，2008（4）.

[36] 胡静，黎东升. 我国中小型农业上市公司成长性实证研究 [J]. 农业技术经济，2013（3）.

[37] 张倩. 基于突变级数法的中小企业成长性评价模型及应用 [J]. 企业与管理，2008（3）.

[38] 刘宇，王学铄，王苏. 基于模糊综合评价的企业成长性研究 [J]. 绿色财会，2008（5）.

[39] 李益娟. 基于Logistic回归模型的上市公司成长性判定 [J]. 企业与管理，2008（3）.

[40] 王中一. 基于熵理论的中小企业成长性研究 [D]. 成都：西南交通大学，2012.

[41] 李夏怡. 基于熵理论的企业财务危机管理研究 [D]. 杭州：浙江财经学院，2011.

[42] 周庆余. 基于熵理论的企业多元化战略选择评价模型研究 [D]. 杭州：浙江工商大学，2007.

[43] 王丽平，许娜. 中小企业可持续成长能力评价及能力策略研究——基于熵理论和耗散结构视角 [J]. 中国科技论坛，2011（5）.

[44] 李世佳. 基于熵理论和耗散结构理论的组织管理系统分析 [J]. 宜宾学院学报，2008（12）.

[45] 张文杰. 基于熵理论的我国房地产业可持续发展研究 [D]. 西

安：西安建筑科技大学，2012.

[46] 王向阳，徐鸿．企业成长性标准的界定研究［J］．中国软科学，2001（7）．

[47] 尚增建．我国中小企业成长性的实证研究［J］．财贸经济，2002（9）．

[48] 邬国梅．旅游企业成长性的影响因素分析：来自上市公司的经验证据［J］．改革与战略，2009（7）．

[49] 沈海平，吴秋璟．中小企业成长性影响因素分析——基于中小板上市公司面板数据的实证研究［J］．金融发展研究，2010（1）．

[50] 鄢波，杜勇，阮敏彦．上市公司成长性与财务指标的相关性研究［J］．商业研究，2011（7）．

[51] 李国凤．我国物流行业上市公司成长能力研究——基于多元线性回归模型的实证研究［J］．物流技术，2013（3）．

[52] 宋华玲．广义与狭义管理熵理论——管理学的新研究领域［J］．企业管理，2003（3）．

图书在版编目（CIP）数据

北京乳品企业成长性研究/刘芳，何忠伟，李超著
.—北京：中国农业出版社，2015.8
ISBN 978-7-109-20913-8

Ⅰ.①北…　Ⅱ.①刘…②何…③李…　Ⅲ.①乳品工业—工业企业管理—研究—北京市　Ⅳ.①F426.82

中国版本图书馆 CIP 数据核字（2015）第 216266 号

中国农业出版社出版
（北京市朝阳区麦子店街 18 号楼）
（邮政编码 100125）
责任编辑　李文宾　冀　刚

中国农业出版社印刷厂印刷　　新华书店北京发行所发行
2015 年 11 月第 1 版　　2015 年 11 月北京第 1 次印刷

开本：850mm×1168mm 1/32　　印张：6.5
字数：180 千字
定价：28.00 元